\いただきます!/

かんたん・おいしい

# 幼児のごはん

監修・料理

牧野直子（管理栄養士）

赤ちゃんとママ社

# Contents

## 幼児食の基本



## Column



## Q & A



## Chapter 1 肉・魚・卵・大豆製品のレシピ



## Chapter 2 野菜のレシピ

※本書は、「家族みんなのぱくぱくレシピ」（『赤ちゃんとママ』増刊『1・2・3歳』）のバックナンバーをもとに、新たに取材し、再編集したものです。

## Chapter 3 麺・ご飯・パンのレシピ


レバー入りドライカレー……64
キャロットパンケーキ……65
バラエティサンドイッチ……66
バラエティミニおにぎり……67
シンガポール風チキンライス……68
ハワイアン混ぜご飯……69
オレンジご飯……69
カラフルちらし……70
枝豆ご飯……70
さつまいもご飯……71
にんじんの炊き込みご飯……71
あじのトマトソースパスタ……72
ニョッキのトマトソース……73
肉だんごのスープパスタ……73
ミートソースのラザニア……74
トマトペンネ……75
ツナとコーンのサラダスパゲッティ……75
夏野菜そうめん……76
そうめんチャンプルー……76
カレーうどん……77
肉みそうどん……77
栄養満点お好み焼き……78
ほうとう具だくさんすいとん……79
豆腐のしょうが風味がゆ……79
鮭とほうれんそうのミルクリゾット……80
アロス・コン・レチェ……81
クスクス&コーンがゆ……81


## Chapter 4 汁もの・鍋のレシピ


白身魚のだんごスープ……86
ミネストローネスープ……86
ポトフ……87
かぶとささみのスープ煮……87
オクラのかき玉スープ……88
チンゲン菜とわかめのすまし汁……88
モロヘイヤと豆腐のみそ汁……89
えのきと白菜のとろとろスープ……89
野菜のかき玉スープ……90
冷たいかぼちゃスープ……90
カリフラワーのカレー風味スープ……91
いちごのスープ……91
トマトフォンデュ鍋……92
豆乳鍋……93


## Chapter 5 おやつのレシピ


米粉蒸しパン……98
米粉のクッキー……99
チョコレート風
&小倉風アイス……100
フローズンヨーグルト……101
グレープフルーツのゼリー……101
にんじん蒸しパン……102
豆乳もち……103
スイートポテト……103
フルーツゼリー……104
マンゴープリン……105
りんごとさつまいもの甘煮……105
すいかのマリネ……106
フルーツポンチ……106
いちごヨーグルトかん……107
ぶどうのゼリー……107
焼きりんご……108
バナナのレモンキャラメル……108
パイナップルシェイク……109
トマトとオレンジのジュース……109


## Chapter 6 特別な日のレシピ


**お誕生日**……114
鶏肉のクリスピー揚げ
シーザーサラダ
ミニショートケーキ
**桃の節句**……116
カップ押し寿司
菜の花のいそべ巻き
はまぐりのすまし汁
**端午の節句**……118
鯉のぼりのオムライス
えびとブロッコリーのサラダ
かぶのポタージュ
**クリスマス**……120
タンドリーチキンと野菜のオーブン焼き
ポテトサラダツリー仕立て
オニオングラタンスープ
**お弁当・お弁当作りのコツ**……122
天むす風おにぎり
いんげんのベーコン巻き
スイートピクルス

# 幼児食とは なんでしょうか？

**離乳食を終えたら、おとなと同じご飯の始まり？**
**いいえ、「幼児食」の始まりです！**

## 子どもにとっての食事の役割

幼児食とは、離乳食完了期の前後、1歳半から5歳くらいまでの、未就学児用の食事のことです。

健康を支える大きな柱は、栄養、休養、運動といわれますが、子どもにとってとりわけ大切なのは、からだをつくるもとの栄養＝食事です。

私たちのからだは「20歳までに完成する」ともいわれるように、幼いころの食事には、からだの基礎をつくる役割があります。そして、もうひとつ忘れてはならないのが、「食べること」への興味や嗜好がこの時期に形成されることです。

## かみ方、食べ方どんどん変化する子どもの「食」

幼児期は、さまざまな食べ物や味と出会う時期でもあります。ときには未知の味に驚いて、子どもが食べ物を吐き出してしまう、といったこともあるでしょう。しかし、子どもが「食べない」理由は、単においしくないからだけではないようです。

子どもの食の発達に欠かせないのが歯の成長です。歯の本数がふえて丈夫になるにつれ、かたいもの、繊維の多いものも、かみつぶせるようになっていきます。見方を変えれば、まだ歯が未成熟な子どもにとっては、かめないものは「食べられないもの」ということになります。また、手づかみで食べていた子どもは、やがて箸を使えるようになり、食べ方も変化していきます。

幼児食とは、めまぐるしい成長をとげる子どもに見合った食事のことなのです。

## おとなのサポートで子どもにとって食べやすく、楽しい食事に

たとえば、ハンバーグはおとなにも子どもにも人気の料理ですが、まだ口が小さく、箸が使えない子どもには、食べるのもひと苦労です。しかし小さなボール状にすれば、フォークで刺し、ひと口でほおばることができます。これが幼児食の基本の考え方です。

ただ、わかっていても、栄養バランスがよく、しかも子どもにとって食べやすいメニューを日々考えることは、なかなか大変です。

本書では、肉・魚・卵を使った、タンパク質が豊富なメインのおかずや、炭水化物がとれるご飯や麺類、野菜たっぷりのスープなど、カテゴリーごとに幼児食のレシピを紹介しています。日々の献立作りにお役立てください。

# 幼児食のポイント

これから幼児食を進めていく上で、
押さえておきたい4つのポイントを
整理してみましょう。

## Point 1

### 幼児食は大きく分けて2段階

ひと口に「幼児食」といっても、離乳食を終えたばかりの1歳代の子どもと、就学前の5歳の子どもでは、歯の生えそろい方、からだの発達、歯の発達も大きく違います。そこで、幼児食においては、1歳半から2歳くらいまでを「幼児食前期」、3歳から5歳を「幼児食後期」ととらえ、食事の内容を変えていきます。

## Point 2

### 幼児期の成長に必要な栄養素をとる

成長するスピードが速い幼児期には、からだをつくるエネルギーと栄養素をとることが必要です。幼児食前期と後期では、必要なエネルギーや量が変わります。「子どもに大事な食べ物の栄養のはなし」(P12)、「子どもに必要な一日の栄養量」(P14)を参考に、年齢に見合った栄養素と栄養量をとれるようにしましょう。

## Point 3

### 味覚を育てかむ力を養う

人間は味覚で、甘み・塩味・酸味・苦み・辛み、そしてうまみを感じとります。味覚のなかで酸味や苦みは、腐敗や毒と感じるようになっていますが、さまざまな食体験を通して、これらを「おいしい」と感じるようになっていきます。また、かむことで食感の違いを知り、ぱくぱく、もぐもぐと咀嚼《そしゃく》することを覚えていきます。

## Point 4

### 食べることが楽しいと感じる心をつくる

幼児期に食べることが、好き、楽しい、と思う心が育てば、子どもがおとなになっても食事に気をくばり、健やかに暮らしていくことができます。未来の子どもの健康を支えているのは幼児期の食体験にあると言っても、おおげさではありません。生涯を通じて健康でいるために、幼児期に適した食卓を作るように心がけましょう。

# 幼児食前期（1歳半～2歳）の子どもの発達は？

## 1歳半～2歳は幼児への移行期

幼児食前期の子どもの発達を見てみましょう。からだも心もまだまだ未発達で、乳歯も生えそろっていません。しかしこの時期は、赤ちゃんから幼児に飛躍的に移行する時期でもあります。

### ことば

2歳ごろまでには「わんわん」「にゃーにゃ」など、ものを区別し表現するように。2歳を過ぎると2語文で話すようになり、自分の意思を伝えることができるようになってきます。「食べたい」「飲みたい」の意思疎通もできるように。

### 歯

犬歯が生え、第1乳臼歯が生えそろいます。奥歯が出てくることで食べられる食材がぐっとふえます。具材をかみ砕くことはできますが、上下の奥歯ですりつぶすことはまだ上手にできません。P7の表を参考に調理方法の工夫を。

### 感情・社会性

自我が発達し、いわゆる「いやいや期」が始まるころでもあります。好奇心旺盛で周囲が気になるようになるため、遊び食いをしたり、食べることに集中できなかったり、好き嫌いが出たりする時期でもあります。

### 食事に使う道具

1歳ごろは、まだ上手に道具を使えない子どもが多いので、手づかみで食べられるものを用意するとよいでしょう。2歳代になると、スプーンやフォークを使って、うまく口に運べるようになります。具材を子どもが扱いやすい大きさ、形にするよう心がけてください。

### からだ

ジャンプをする、ボールをける・投げることができるようになり、活発になります。手先も徐々に器用になり、丸を描いたり、粘土を指先で扱えるようになったりします。ひとりで席につき、自分の手で食事ができるようになります。

※発達には個人差があります。

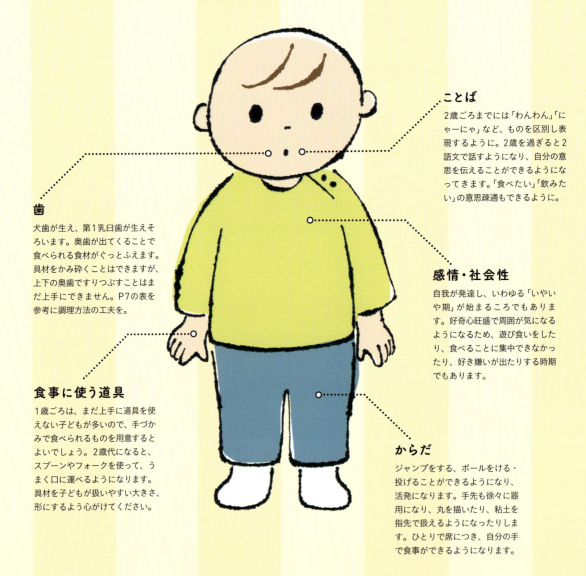

## おとなは手伝いながらも見守る気持ちをもとう

1歳半ごろは運動能力が上がり、自分の力でしっかりと歩けるようになります。世界が広がり、見るものすべてに好奇心を抱くようになります。そのため、食器の中の食べ物を手で混ぜる、スプーンで食器をたたく、歩きながら食べるなどの「遊び食い」が見られるのもこのころ。落ち着いて食べられるようになるのはまだ先のことです。スプーンやフォークを握って自分で口に運ぶことができるようになっても、おとながフォローしながら食べさせる時期と考えて。1回の食事で全部を食べなくても、一日の全体量でバランスがとれていればよしと考えましょう。

奥歯が生えてくる時期には個人差があります。まだ生えていない場合は、肉や野菜は歯ぐきでかめるかたさに、生えてきたら奥歯でかみつぶせるかたさにしましょう。ようすを見ながら、繊維質のある食べ物にも、少しずつチャレンジしていくと、奥歯ですりつぶす練習になってよいですね。

## 【食品別 与え方のポイント（幼児食前期）】

| 食品分類 | ポイント | 食品分類 | ポイント |
|---|---|---|---|
| 穀類 | おとなの食事より水分を含ませ、やわらかくしあげる。もちはまだかみ切れず、喉につまらせる恐れがあるので食べさせない。 | 大豆・豆製品 | 豆は皮までやわらかく煮る。納豆は包丁で刻むと食べやすい。 |
| いも類 | いもだけで煮るとパサパサするので、とろみをつける工夫が必要。 | 野菜類 | レタスなど葉物はまだ食べにくい。においの強いもの（しょうが、にんにく、にらなど）は、できる限り避ける。咀嚼機能が未発達のため、誤嚥の可能性があるこんにゃくやきのこ類は、まだ食べさせなくてよい。 |
| 乳・乳製品 | 一日400gが目安。料理に使うと摂取しやすくなるが、とりすぎにも注意。キャンディチーズは、誤嚥《ごえん》しやすいので小さく切る。 | くだもの類 | りんごなど口の中でゴロゴロするものはまだ食べにくいため、すりおろすとよい。 |
| 卵 | 生卵は少量から。具を混ぜる場合、スクランブルエッグに近いやわらかさにする。 | 油脂類 | 新鮮な油で調理を。一日の使用目安量は10g。 |
| 魚類 | 網で焼くと身がかたくなるので、フライパンで。魚の骨はとる。いか、たこ、かまぼこを与えるには早い。 | 調味料 | みりん、料理酒、ワインはアルコール分をとばせばOK。マヨネーズ、カレー粉、ソースは少量ならOK。こしょう、唐辛子は使う必要なし。 |
| 肉類 | ひき肉料理は卵やパン粉などのつなぎを多めにしてやわらかく。薄切り肉は包丁の背でたたき、繊維を断つようにする。かたまり肉はまだ早い。 | | |

# 幼児食後期（3～5歳）の子どもの発達は？

## 3～5歳はからだも心もしっかりしてきます

3歳になると、ほとんどの食べ物が食べられるようになります。しかし、3歳では平均13kgの体重が、4歳では16kg、5歳では18kgと年齢による体重差は大きいもの。発達に合わせて食べる量も調整していきましょう。

### ことば

語彙力が増え、コミュニケーションが容易に。3歳ですでに経験を口にする子もみられます。5歳では、過去・現在・未来の認識もはっきりします。「今日は何食べたい？」にも答えられるように。

### 歯

一般的に3歳までに上下の乳歯20本が生えそろい、奥歯でうまくかみ砕けるようになります。しかし、かむ力はまだまだおとなの1/3程度と弱いので、具材はおとなより少しやわらかい程度のかたさにしましょう。

### 感情・社会性

3歳では自分自身を認識し、「私は」「僕は」と表現するようになり、4歳では自分の気持ちを言葉で伝えられるようになってきます。5歳では友だちとの世界を作り始めるなど、徐々に社会性が発達していきます。

### 食事に使う道具

手先が器用になります。3歳ごろからはスプーンやフォークを鉛筆のようにもつよう指導し、子ども用の箸を使う練習を始めましょう。4歳を過ぎると、箸だけで食事ができるようになる子もいます。利き手もこのころに決まるといわれています。

### からだ

3歳ごろから成長ホルモンの働きが強くなり、からだが大きくなってきます。4歳では走りながら縄跳びを跳ぶといった複雑な動きができ、5歳では竹馬など高度な運動もできるように。ひとりで食べられる年ごろです。

※発達には個人差があります。

## 乳歯が生えそろい 食の幅が広がる時期

3〜5歳の時期は、心身ともに発達し、おとなとの意思疎通もスムーズになり、「遊び」と「食事」の区別がつくようになります。きちんと席について食事ができるようになるので、箸の使い方や食卓でのマナーなども教えていきましょう。

弾力のある食材や少し辛みのある食材にも少しずつ挑戦しながら、食材の大きさやかたさに合わせてかみ分ける力が育つように、下の表も参考にしながら進めてみましょう。

このころには広く食経験を積むことも大切です。食事作りのお手伝いをしたり、野菜を育てたり、「食」にふれる機会もふやしていけるとよいですね。好き嫌いがある場合でも、「嫌いなものだから出さない」ではなく、調理を工夫しながら、ひと口でも食べるよう励ましてみましょう。「食べられるようになったね」とほめることもポイントです。

おとなは子どもが食事とおやつを規則正しくとれるように、用意できるとよいですね。

## 【食品別 与え方のポイント（幼児食後期）】

| 食品分類 | ポイント |
|---|---|
| 穀類 | もち、そば、ラーメン、パスタもOKだが、おとなよりもうす味を心がける。 |
| いも類 | ポテトチップスやフライドポテト（特に外食）は油分、塩分が多いので、できるだけ避け、食べるなら量を決める。 |
| 乳・乳製品 | 前期と同じように、一日400gが目安。牛乳を出す場合は、1食あたり150〜200mℓを目安にする（幼児食前期の場合も同様）。 |
| 卵 | 具を混ぜる場合、前期よりかたさを残し、かみごたえに強弱をつける。 |
| 魚類 | 焼き魚をはじめ、なんでもOK。魚の骨はとる。いか、たこ、かまぼこ、ちくわなどもよいが、食べやすく小さく切ったり、切り目を入れたりする。 |
| 肉類 | 薄切り肉をやわらかくなるように調理を。自然のうまみを覚える時期なので、ハムやウインナーなどの加工品は控えめに。 |

| 食品分類 | ポイント |
|---|---|
| 大豆・豆製品 | おからやがんもどきは、やわらかく煮る。 |
| 野菜類 | 前期よりかためにに調理。きのこ類は刻めばOK。しょうが、にんにくなども隠し味として少量使うのはOK。プチトマトは誤嚥しやすいので切る。 |
| くだもの類 | 基本的にだいたいのものは食べられる。パイナップル、キウイなど酵素が強いくだものは少量から。 |
| 油脂類 | 一日の使用目安量は20g。 |
| 調味料 | 酢などの酸味は慣れにくいので、レモンやポン酢などをごく少量から、無理のないように使う。 |

# 歯の発達からみる
# 幼児食の進め方

**幼児食と歯には、切っても切れない関係があります。**

昭和大学歯学部教授　**弘中祥司**

## 子どもの成長に合わせて幼児食を進めよう

赤ちゃんが母乳やミルク以外の食べ物を口にするタイミングには、個人差があります。日本以外では、なぜ離乳食を与えたかと聞くと、「欲しがったから」と答えるお母さんが多いようです。日本では、月齢やマニュアルに左右されることが多く、それにぴったり合わないときに悩む声が多く寄せられます。

しかし実際には、お母さん自身にも個人差があり、母乳の出る出ない、母乳の栄養価の高い低い、とさまざまです。離乳食に切り替えるタイミングが子どもによって異なるように、幼児食も子どもの成長を見極める必要があります。なかには離乳食から突然、おとなと同じ食事にしてしまうケースも見受けられますが、おとなと同じ食事にするための前段階として、幼児食はとても大切なのです。

幼児食では、子どもの意欲とともに、歯の成長が大きな鍵を握っています。歯の生え方や幼児食の進み方は、子どもそれぞれということを、まずは覚えておきましょう。

## 安全においしく食べられる歯の本数は最少20本

子どもの食事の悩みとして多く寄せられるのは、順に「遊び食い」、「偏食」、「むら食い」、「食べるのに時間がかかる」、「よくかまない」です。これらの原因には、「年齢に見合った食事になっていない」ということが考えられます。

人間は、食べ物を前歯でかみ切り、奥歯（臼歯）ですりつぶします。奥歯には、繊維質の強い野菜や肉などを効率よくすりつぶす役割がありますが、奥歯を含めた乳歯が生えそろう目安は、2歳半～3歳です。ですから、まだ奥歯のない1歳半の子どもに、生野菜など繊維質の強いものを適切な調理をせずに与えても、まだうまく食べることはできません。食べられなくて、吐き出してしまうこともあり、こうなると野菜嫌いの第一歩になりかねません。

「8020運動」という言葉を聞いたことがあるでしょうか。これは、80歳までに自分の歯を20本残そうという取り組みです。なぜ20本かというと、安全においしく食べられる歯の最少本数が20本だからです。子どもの乳歯は、生えそろうとちょうど20本になります。これが全部生えると、うまく食べられるようになるのです。

3歳児健診で歯を診察するのは、20本生えそろっているかを確認する意味もあります。3歳を超えていれば、基本的にすりつぶすことも効率的にできるはずです。

歯が生えそろっていない時期でも、水分の多いきゅうりのような野菜は食べやすいですが、葉物野菜は繊維質が強いので、やわらかくなるよう加熱しましょう。奥歯の生えていない子のかたさの目安は、歯ぐきでつぶせるかどうか。ただし、乳歯が生えそろったとしても、咀嚼力は奥歯の力が約20kgと、成人の約60kgと比べて、およそ3分の1の力しかありません。おとなは歯が28本あり、大きさも筋力も違います。

歯の生え方には早い子、遅い子と個人差があります。また乳歯が生えそろっても、おとなと同じ食事をそのまま与えるのではなく、わが子の成長をよく見て、幼児に見合った食事を用意しましょう。

## 【幼児食 前期】

### まだ奥歯のない子も。食材には注意が必要

1歳半ごろになると第1乳臼歯が生えはじめ、2歳ごろになると4本生えそろい、全部で16本に。2歳半ごろから第2乳臼歯が生えはじめます。臼歯がない子どもはまだ上手にすりつぶせないので、歯ぐきでかめるかたさの食べ物を用意しましょう。たとえば肉だんごだったら、指の腹でつぶせるくらいが判断する目安です。

## 【幼児食 後期】

### 乳歯が生えそろい食べられる幅が広がる時期

第2乳臼歯が生え、乳歯が20本生えそろうため、奥歯でかみ砕けるようになります。咀嚼能力は乳歯と永久歯で比較すると、かむ力（咬合力）は乳歯列で約20kg、永久歯列で約60kgと、まだおとなの1/3しかありません。すりつぶす咀嚼効率も乳歯は凹凸が少ないため、食材は大きすぎない程度に、歯の成長に合わせた適度なかたさにしましょう。

### 時間を決めて、よくかんで食べよう

食べ物は私たちの栄養にもなりますが、同じようにばい菌の栄養にもなります。唾液は、食べ物を分解すると酸に変化します。その状態が続くと歯が溶けてムシ歯になります。ムシ歯にならないよう、口の中に食べ物がある状態を少なくしましょう。

ちょこちょこ食いやだらだら食べをせず、決められた時間に、決められた分だけを食べ、毎食後、歯を磨きましょう。特にしっかり磨いてほしいのは寝る前です。口の中が酸性のまま寝てしまうと、寝ているあいだに歯が溶けてしまうからです。

かむことも大事です。かむ回数がふえると唾液もふえ、食べ物を洗い流してくれます。かむことは、脳の発達を促したり、歯並びの不正を防いだりするともいわれます。歯列はきれいなU字が理想的です。母乳や哺乳びんの使用が長かった子は舌を出すくせがつき、歯列がVの字となり、口があいてしまうことがあります。指しゃぶりも不正咬合《こうごう》になる可能性が高まるので注意しましょう。

# 子どもに大事な食べ物の栄養のはなし

**人間のからだに必要な栄養素には、どんなものがあるのでしょうか。基本的なことを知れば、毎日の食事も自然とバランスがとれます。**

## からだに必要な栄養素は大きく分けて5種類

からだをつくる栄養素の基本となるのが、「炭水化物」、「脂質」、「タンパク質」、「ビタミン」、「ミネラル」で、これらを五大栄養素と呼びます。

幼児期はどんどんからだが発達していく時期です。活動に必要なエネルギーや、成長に必要なこれらの栄養素を積極的にとりこむ必要があります。

「炭水化物」は分解・吸収されるのが速いので、即効性の高いエネルギー源となります。炭水化物を構成するブドウ糖は、脳や中枢神経系の唯一のエネルギー源でもあります。

「脂質」は少量で高い熱量があり、効率的なエネルギー源です。脂溶性ビタミンの吸収を助けたり、皮膚を保護したりする役割があります。

「タンパク質」は筋肉や骨、内臓や髪の毛などからだのいろいろな部分をつくる栄養素です。動物性タンパク質と植物性タンパク質があります。それぞれをつくるアミノ酸の種類が異なり、なかには食べ物からしかとれない必須アミノ酸も含まれています。動物性、植物性、どちらもバランスよく摂取しましょう。

「ビタミン」は、炭水化物、タンパク質、脂質の働きをサポートし、からだの調子を整える役割をもっています。他の栄養素と一緒にとることで効果を発揮するため、さまざまな種類をバランスよくとるのが理想的。からだにためておくことができないので、毎日とることが大切です。

「ミネラル」はからだの維持や調整に欠かせない栄養素。骨や歯をつくったり、体液を調整したりと幅広く働きます。たくさんの種類がありますが、いずれも体内では作り出せないため、食品から摂取する必要があります。

このように、それぞれ異なる大切な役割があり、どれが不足してもからだの調子は整いません。これはおとなも同様で、毎食バランスよく栄養をとることが大切です。

## 効率よく栄養をとりこもう

これらの栄養素を効率よくとり入れるには、どうすればよいでしょう。

水に溶けやすい水溶性ビタミン（ビタミンBやC）は、水にさらすと切り口から栄養素が逃げます。栄養素を逃がさないための調理のコツは、「蒸す」「炒める」がおすすめ。ゆでる場合は、汁ごと飲めるスープがよいでしょう。脂溶性ビタミン（ビタミンAなど）は、油と一緒に炒めると効果的です。

食卓では、調理方法が同じでは味けないもの。炒めた料理ばかりだと脂質もとりすぎてしまいます。違った調理法、違った味を組み合わせてバリエーションをもたせると、自然とバランスのとれた食事になります。

同じ食材でも、「焼く」「揚げる」「蒸す」「煮る」などの調理法の違いでは食感も変わります。味つけも、塩、しょうゆ、みそなど変化をもたせて、子どもにいろいろな味を体験させましょう。栄養素の吸収は、食材が細かいほど高まるため、幼児食前期では小さくし、幼児食後期ではよくかむよう促して吸収率を上げましょう。

これらの基本を押さえておけば、外食するときやテイクアウトをするときにも、バランスのよい献立にすることができますね。

## 【炭水化物】

**●不足すると…**一日じゅう元気が出なかったり、集中しにくくなったりします。
**●とりすぎると…**糖質が多く含まれるので、エネルギーの過剰摂取となって脂肪がふえ、肥満のもとになります。適量を毎日とるように心がけましょう。
【米、パン、麺類などの穀類、さつまいもなどのいも類、砂糖など】

## 【脂質】

**●不足すると…**疲れがたまりやすくなり、肌あれを起こす原因に。
**●とりすぎると…**小児生活習慣病や肥満の原因となることも。ただし極端な制限などは行わず、食品から自然にとるようにしましょう。
【肉の脂身、植物油、バター、マーガリン、マヨネーズなど】

## 【タンパク質】

**●不足すると…**体力や免疫力が低下してしまうため、体調をくずしやすくなってしまいます。
**●とりすぎると…**アミノ酸の一部がアンモニアとなって尿から排泄されるため、腎臓の負担となることも。
【肉、魚、卵、大豆、大豆製品、牛乳、チーズなど】

# 五大栄養素

**これら５つの栄養素が、**
**子どもたちの**
**からだをつくります。**

## 【ミネラル】

**●不足すると…**カルシウム不足で骨がもろくなる、鉄不足で貧血に、カリウム不足で食欲が落ちる、などが見られます。
**●とりすぎると…**ナトリウムの過剰摂取は高血圧の原因に。リンをとりすぎるとカルシウムとのバランスがくずれます。
【野菜、小魚、海藻など】

## 【ビタミン】

**●不足すると…**ビタミンBの不足は口内炎や貧血に、ビタミンC不足では肌あれに。からだがだるくなることもあります。
**●とりすぎると…**大部分のビタミンは、からだに不要な分は汗や尿として排泄されますが、場合によっては下痢などを起こすこともあります。
【くだもの、野菜、きのこ類、レバーなど】

# 子どもに 必要な一日の栄養量

幼児食の前期、後期、それぞれに必要な栄養量はどのぐらいでしょうか。
下の図を参考にして、１日の献立の目安にしてみましょう。

## 幼児食前期（1歳半～2歳）

［必要なエネルギー］900～950 kcal

### 主菜

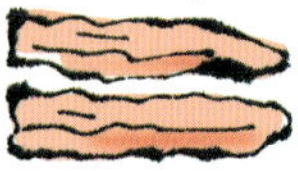

**肉類**
20～30g（薄切り肉1～2枚）

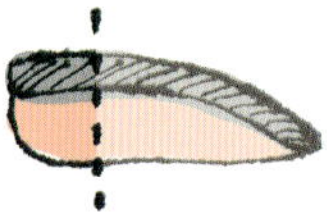

**魚類**
20～30g（切り身1/4切れ）

**卵**
20～30g（Mサイズ1/2個）

**大豆製品**
30g（豆腐30g、または納豆大さじ1と1/2）

### 主食

**ご飯**
子ども用の茶碗 1杯

**パン**
食パン8枚切り 1枚

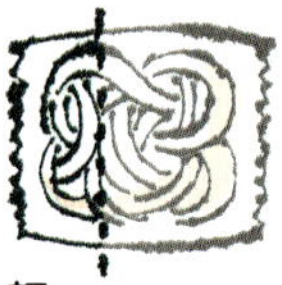

**麺**
うどん1/3玉

## 幼児食後期（3歳～5歳）

［必要なエネルギー］1250～1300 kcal

### 主菜

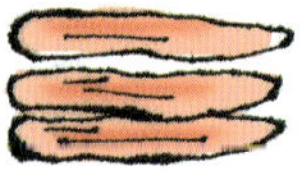

**肉類**
30～40g（薄切り肉2～3枚）

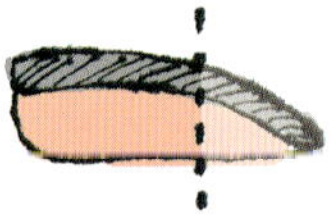

**魚類**
30～40g（切り身2/3切れ）

**卵**
30～40g（Sサイズ1個）

**大豆製品**
40g（豆腐40g、または納豆大さじ2）

### 主食

**ご飯**
子ども用の茶碗 1杯半

**パン**
食パン6枚切り 1枚

**麺**
うどん1/2玉

※摂取エネルギーは、『日本人の食事摂取基準2020年版』（厚生労働省）を基本にしています。
※食べる量には歯やからだの発達によって、個人差があります。表は目安としてください。

## 乳製品・果物

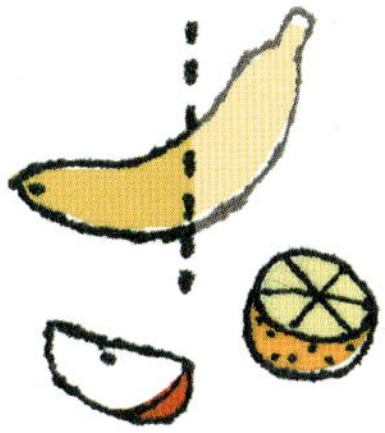

**くだもの**
100〜150g（りんご1/6個、みかん1/2個、バナナ1/2本）

**乳製品**
250g（牛乳コップ3/4杯、6ピースチーズ1個、ヨーグルト小1個）

**くだもの**
150〜200g（りんご1/4個、みかん1個、バナナ1/2本）

**乳製品**
300g（牛乳コップ1杯、6ピースチーズ1個、ヨーグルト小1個）

## 副菜

**緑黄色野菜**
60g（ほうれんそう1株、ミニトマト2個、ブロッコリー1房）

**淡色野菜**
120g（キャベツ1枚、玉ねぎ中1/4個、きゅうり1/4本）

**いも類**
30g（じゃがいも小1/3個、またはさつまいも1/6本）

**海藻類・きのこ類**
少々（乾燥わかめ1〜2g、しいたけ小1枚）

**緑黄色野菜**
80g（ほうれんそう2株、ミニトマト2個、ブロッコリー3房）

**淡色野菜**
160g（キャベツ1枚、玉ねぎ中1/4個、きゅうり1/3本）

**いも類**
40g（じゃがいも小1/2個、またはさつまいも1/5本）

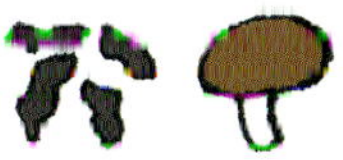

**海藻類・きのこ類**
少々（乾燥わかめ1〜2g、しいたけ中1枚）

# 幼児食期の食生活とタイムテーブルを知ろう

**食事をきちんととるためには、日々の生活習慣を正しくすることが大切です。幼児の一日を食事とライフスタイルから考えてみましょう。**

## 一日3食なのはどうしてでしょうか

「歩く」「眠る」「食べ物を消化する」など、人間がからだや内臓を動かすためにはエネルギーが必要です。成長するにつれ、からだの大きさや運動量が変化していきます。一日に必要なエネルギー量や栄養素の量は、年齢ごとに違ってきます。たとえば、3歳の男の子が一日に必要なエネルギー量は1300kcalですが、これを一日2食でとろうとすると、1食あたり約650kcal分も食べなくてはならない計算になります。650kcalというと、市販の幕の内弁当くらいのボリュームがあります。これを3歳の子どもが一度に食べきるのは、難しいことです。

また、一日にとりたい食事量を3食に分けても、一度に食べられる量が少ないために、とり切れないこともあります。そのため、幼児期は間食も食事と考えて一日3食とおやつで補うのが一般的です。一度にたくさん食べられない子は、おやつを2回に分けて食べてもかまいません。

この時期に3食のうち1食でも抜くと、おやつの量がふえて、脂肪や糖分をとりすぎる傾向にあります。また、食事と食事の間隔が長くなりすぎることで、太りやすい体質になることもわかっています。ですから、一日3食の習慣は、肥満予防にもなるのです。

## 規則正しく食事をとると生活リズムが生まれる

からだが食べ物を消化するには、だいたい4～5時間かかるといわれています。食事を規則正しくとることで、消化や吸収などがスムーズに行われるようになります。毎日そのリズムで生活することで、だんだんと子どもの体内時計もできてきます。

次の食事までの間隔が短いと、胃に食べ物がまだ入っているため、当然おなかはすきません。不要な間食をしてしまうと、次の食事を食べないということも起こってきます。

幼児期は自分で食事の時間を決めることができませんので、おとながきちんと配慮することが必要です。食事の時刻を決め、子どもに一日をどう過ごさせるか、ということが幼児期には大切なのです。

## 遊びや睡眠もリズムよく、おとなも気をつけよう

食事でとったエネルギーをしっかり使うには、遊ぶことが大事です。運動で疲れたからだを休めるための昼寝や睡眠もまた幼児期には重要なもの。しっかり遊んでからだを動かせば、寝つきもよくなります。

おとなの夜型生活に引きずられ、子どもの就寝時刻が夜10時以降になる家庭もあるようです。そうすると、朝は起きられず、朝食の時刻も遅くなります。ずるずると一日の生活リズムはずれていき、どんどん悪循環となってしまいます。このように食と生活習慣はつながっているのです。

おとなは子どもを同じ時刻に寝かせて起こし、睡眠のリズムを整えましょう。こうして一定の生活のリズムで暮らすことで、子どもは規則正しいリズムをからだでも、心でも覚えていきます。

たくさん外遊びをして、おなかを減らせておけば、食事もよりおいしくいただけるはずです。「おなかすいた！　いただきます！」と元気な毎日を過ごせるとよいですね。

## 一日の生活リズムの目安

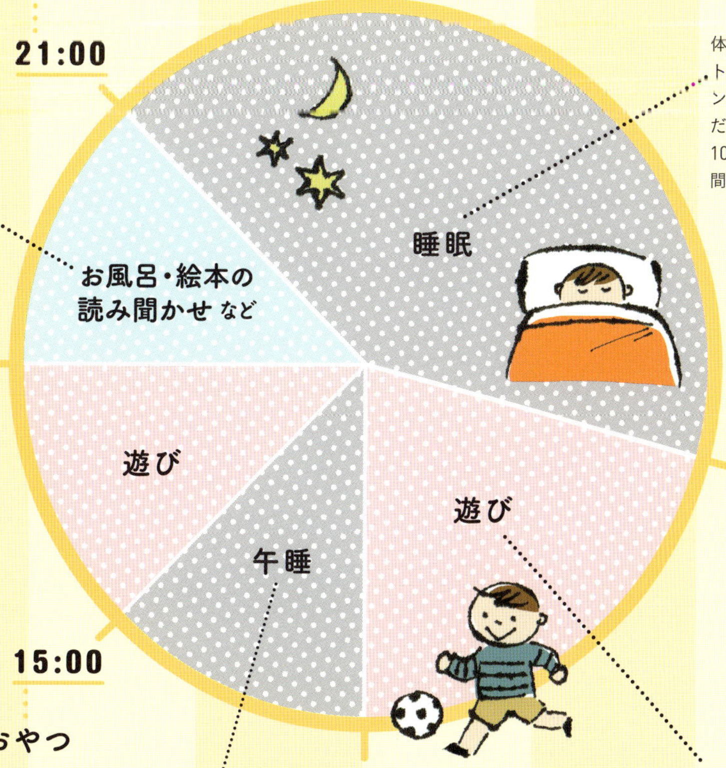


体内時計を整えるメラトニンや、成長ホルモンは、眠っているあいだに分泌されます。10時間前後は睡眠時間を確保しましょう。

眠る前は、テレビなどの刺激はなるべく避け、ゆったりとした時間を過ごしましょう。

**7:00**

### 起床、朝食、排泄

朝ご飯には一日のエネルギー補給の役割があります。朝ご飯は抜かずに、しっかりと食べるようにしましょう。

外遊びをすることで、体力がつき、からだをコントロールするための機能が向上します。

**12:00**

### 昼食

たくさん遊ぶと自然とおなかがすき、おいしく食べることができます。公園でお弁当を食べるのもよいですね。

しっかり遊んで食べると、まだ体力の少ない幼児期は眠くなるもの。からだと脳を休ませる時間を確保して。

**15:00**

### おやつ

お楽しみの時間と、栄養と水分補給の両方の役割があります。補食と考え、市販のおやつはできるだけ避けて。

**18:00**

### 夕食

理想は家族そろって、楽しい雰囲気のなかで食べること。午睡後にしっかりとからだを動かすことで、食もすすみ、夜の寝つきもよくなります。

**21:00**

### 就寝

子どもは早めに寝かしつけましょう。就寝時刻が遅いと、睡眠時間がけずられ、集中力もなくなってしまいます。

### 一日のタイムテーブルを守りましょう

上のタイムテーブルは、幼児期の理想的な一日の過ごし方です。朝はおとなが同じ時刻に起こしましょう。起きてすぐは朝食を食べられない場合があるので、朝食を食べる30分前に起こすようにします。排泄は朝が理想的で、朝に排泄した子どもはその日一日、力が発揮できるという調査結果もあるようです。外遊びは、できれば午前と午後の、2回させたいところ。とくに午睡明けに外遊びをすることで、おなかがすいてたくさん食べることができます。また、夜の寝つきがよくなります。

おやつは午後3時の1回を目安にしていますが、一度にたくさん食べられない子は午前中にもおやつを設定しましょう。その場合、食事まで2時間はあけてください。

夕食後は、夜食などを与えないようにし、眠る1時間前にはテレビなどを消して眠る準備を整えます。

早寝・早起きで10時間以上の睡眠、規則正しい食生活と運動で、幼児期を健やかに過ごしましょう。

# 一日の献立、どう考える？

**3食＋おやつの献立は、どんなふうに立てるとよいでしょうか。**
**子どもの毎日の食事例を参考に、バランスのよい食卓にしましょう。**

## 主食・主菜・副菜・汁もの 4種類をバランスよく

栄養バランスのよい献立をつくるには、和食のメニューを参考にするとわかりやすくなります。

和食には白いご飯を基本とする「主食」、肉や魚が中心となるメインのおかず「主菜」、野菜が中心となるおかず「副菜」、主菜・副菜の栄養素を補う「汁もの」の4種類があります。これらを組み合わせて、一日3食のなかで栄養バランスをとります。

まずエネルギーとなる主食を選び、それからタンパク質を主としたメインのおかず（主菜）を決めます。副菜には野菜など、主菜でとれなかったビタミン、ミネラルをとり入れて。汁ものは、他のメニューでたりない栄養素を含む具材にするとよいでしょう。不足しがちなきのこや海藻などを、小さく刻んでスープに入れると食べやすくなります。

主食と主菜が一緒になったどんぶりや、野菜たっぷりのうどんも手軽です。旬の食材や季節の行事のメニューをとり入れ、季節感を食卓で演出できるとよいですね。

## 1週間の組み合わせ例

### 月

**朝：**ロールパン、ポトフ（P87）、フルーツ
**昼：**鮭とほうれんそうのミルクリゾット（P80）
**夜：**枝豆ご飯（P70）、いわしハンバーグ（P33）、ブロッコリーの白あえ（P55）、オクラのかき玉スープ（P88）
**おやつ：**チョコレート風＆小倉風アイス（P100）、お茶

### 火

**朝：**ご飯、豆腐ハンバーグ（P37）、アスパラの卵とじ（P38）
**昼：**栄養満点お好み焼き（P78）、フルーツ
**夜：**ご飯、豚肉のりんごソース（P26）、カリフラワーのカレー風味スープ（P91）
**おやつ：**豆乳もち（P103）、お茶

### 水

**朝：**ロールパン、白菜のクリーム煮（P48）、3色ソテー（P54）
**昼：**ほうとう具だくさんすいとん（P79）
**夜：**ご飯、牛肉と野菜のケチャップ炒め（P28）、揚げなすのあんかけ（P47）、モロヘイヤと豆腐のみそ汁（P89）
**おやつ：**いちごヨーグルトかん（P107）、お茶

### 木

**朝：**ご飯、さわらの照り焼き（P35）、かぶと油揚げのやわらか煮（P49）
**昼：**そうめんチャンプルー（P76）、たたきれんこんの炒めもの（P58）
**夜：**なすのミートソース焼き（P44）、キャロットラペ（P56）、白身魚のだんごスープ（P86）
**おやつ：**焼きりんご（P108）、牛乳

### 金

**朝：**ロールパン、スパニッシュオムレツ（P38）、グレープフルーツのサラダ（P51）
**昼：**レバー入りドライカレー（P64）、スティック野菜（P53）
**夜：**ご飯、ぶりの2色竜田揚げ（P34）、キャベツとしらす干しの煮びたし（P57）、チンゲン菜とわかめのすまし汁（P88）
**おやつ：**パイナップルシェイク（P109）

### 土

**朝：**ご飯、小松菜の肉巻き（P27）、絹さや入りスクランブルエッグ（P49）
**昼：**ニョッキのトマトソース（P73）、かぼちゃとえびのサラダ（P52）
**夜：**シンガポール風チキンライス（P68）、カラフルサラダ（P55）、野菜のかき玉スープ（P90）
**おやつ：**にんじん蒸しパン（P102）、牛乳

### 日

**朝：**キャロットパンケーキ（P65）、いちごのスープ（P91）
**昼：**バラエティミニおにぎり（P67）、かぶとささみのスープ煮（P87）
**夜：**ご飯、豆乳鍋（P93）、揚げ野菜のマリネサラダ（P50）
**おやつ：**スイートポテト（P103）、牛乳

# 一日の献立例

## 朝

一日のスタートとなる朝食には、脳のエネルギー補給の役割があり、からだを目覚めさせるためにも、とても重要です。脳のエネルギー源であるブドウ糖は、ご飯やパンなどの主食に多く含まれているので、朝はしっかりと主食をとるように心がけましょう。

## 昼

昼食は簡単に作れるものだとうれしいですよね。そんなときの定番といえば、麺類やどんぶりもの。一見、栄養バランスが偏りがちに思われますが、ビタミン・ミネラルが豊富な野菜や、肉・魚といったタンパク質源をたっぷり具材に使うことで、食欲もからだも満足な食事にしあがります。

## おやつ

子どもにとっては、3回の食事ではとり切れない栄養素を補う食事の一部（補食）と考えましょう。あまり神経質にならず、あくまでも楽しみの時間であるということを忘れずに。くだものの切り方を工夫してみたり、子どもと一緒に作ってみたり、楽しんで食べることも大切にしましょう。

## 夜

主食・主菜・副菜のそろった、バランスのとれた献立を目指しましょう。日中にしっかりと活動していれば、子どものおなかはぺこぺこのはずです。おとなと同じメニューを並べ、子どもの食べるペースを尊重しながら、家族の団らんの時間を楽しみましょう。

# レシピの見方

P21～P123では、さまざまな幼児食のレシピを紹介しています。
お子さんの年齢や、とり入れたい栄養に合わせたメニュー作成に活用してください。

### レシピに合った子どもの年齢

使用する材料や調理方法によって、レシピに合った子どもの年齢を参考としてアイコンで示しています。なお、子どもの発達には個人差があります。子どもの成長に合わせて調整してください。1歳半～2歳のアイコンなら、3～5歳の子も食べられます。

［アイコン一覧］

1歳半～2歳

3～5歳

3～5歳

豚肉の長いも焼き

エネルギー 110kcal
塩分 0.4g

材料（大人2人＋子ども1人分）
長いも…10cm（1.5～2cm幅の棒状に8等分する）
豚ももしゃぶしゃぶ用…8枚（160g）
サラダ油…大さじ1
ウスターソース…大さじ1
青のり…小さじ1
削り節…小1/2袋

作り方
1 長いもを豚肉で巻く。
2 サラダ油を熱し、1の巻き終わりを下にしてフライパンで焼き、ウスターソースを加えて転がしながらからめる。
3 食べやすく切って器に盛り、青のり、削り節をふる。

Arrange
豚肉を牛肉に、長いもをオクラにかえても。

Point
長いもはかみやすく、消化によい食材です。さくさくとした食感が楽しめます。

### 材料と下処理

材料は、おとな2人と子ども1人分の分量です。基本的に、子どもの分量は、おとなの分量の半分になります。レシピによっては、作りやすい分量を示しています。また、材料の切り方や下ゆでなどの下準備についても、ここでまとめています。

### エネルギーと塩分

子どもの1食分のエネルギー量と塩分量を示しています。この数字を2倍にすると、おとな1人分の量になります。

### 材料などのアレンジとポイント

材料を、別のものに置きかえてもおいしく作れる場合、代替食材を「Arrange」に示しています。また、レシピの栄養価や調理のコツがある場合や、3～5歳のアイコンでも1歳半～2歳が食べられるときには「Point」に記しています。

# 調理を始める前に

無駄なく、安全に調理をするために、確認しておきたいことをまとめました。

［分量について］
材料に示している分量は、1カップは200mℓ、大さじ1は15mℓ、小さじ1は5mℓ。米1合は180mℓです。

［電子レンジについて］
加熱時間は、600Wのものを使った場合を目安にしています。500Wのものを使用する場合は、加熱時間を1.2倍にしてください。機種により、熱の通り方に多少の差がありますので、ようすを見ながら加減してください。

［火力について］
特に指定されていない場合は、中火で調理してください。

［だし汁について］
本書に記載のあるだし汁は、1カップの水に対して、昆布5cmと削り節ひとつかみ（5g）でとったものです。市販品の場合は、規定の1/2に薄めて使用してください。

［材料の下処理について］
「材料」や「作り方」の欄で指定がない場合、皮をむく、筋をとる、芽をとるなどの処理を行ってください。

［ゆで時間について］
市販のうどん、パスタ、マカロニなどは、メーカーによって調理方法やゆで時間が異なります。食品表示を参考にしてください。

［子どものアレルギーについて］
アレルギーと診断されたことがある、またはアレルギーの可能性がある場合は、自己判断ではなく医師の指導に基づき、摂取の有無の検討や、調理を行ってください。おとなについても同様です。

Chapter 1

# 肉・魚・卵・大豆製品のレシピ

タンパク質は筋肉、血液、骨など、からだの重要な部分をつくるのに欠かせない栄養素です。
ここでは、動物性タンパク質である肉、魚、卵と、
植物性たんぱく質である大豆製品を使った主菜をそろえました。
栄養バランスを考えながら、毎食一品は、タンパク質メニューをとり入れましょう。

3〜5歳

# ごぼう入りハッシュドビーフ

エネルギー 113kcal
塩分 0.9g

**材料(大人2人+子ども1人分)**

牛もも薄切り肉…100g(ひと口大に切る)
ごぼう…100g(ささがきにしてゆでる)
玉ねぎ…1/4個(薄切り)
塩・こしょう…各少々
バター…大さじ1
小麦粉…大さじ1
デミグラスソース…1/2缶(145g)
水…1/4カップ
顆粒コンソメスープの素…小さじ1/2
ケチャップ…大さじ1と1/2
ローリエ…1枚
塩・こしょう・パセリ…各少々

**作り方**

1 フライパンにバターを熱し、ごぼう、玉ねぎを炒めてしんなりしたら、塩、こしょうをした牛肉を加えて炒め、さらに小麦粉をふってなじむように炒める。

2 水、デミグラスソース、スープの素、ケチャップ、ローリエを加えて弱火で5分ほど煮、塩、こしょうで味を調える。しあげにパセリをふる。

**Arrange**

牛肉を豚肉にかえてもよいでしょう。

**Point**

ごぼうは下ゆですると、子どもが食べやすくなります。

1歳半～2歳

# コロコロハンバーグ

エネルギー 112kcal
塩分 0.8g

**材料（大人2人＋子ども1人分）**

合いびき肉　200g
玉ねぎ…1/8個（みじん切り）
サラダ油…適量
パン粉…大さじ2（牛乳大さじ1にひたしておく）
塩…少々
ケチャップ・ウスターソース…各大さじ1と1/2

**作り方**

1 フライパンにサラダ油少々を熱し、玉ねぎをしんなりするまで炒めて冷ます。
2 ボウルにひき肉、1、牛乳にひたしたパン粉、塩を入れてよく練り混ぜ、小さいボール形に成形する。
3 フライパンにサラダ油少々を熱し、2の表面を焼き、ふたをして蒸し焼きにして中まで火をとおす。ケチャップとウスターソースを混ぜ合わせたものを加え、からめる。

**Arrange**
合いびき肉を鶏ひき肉にかえると、さっぱりとした口当たりになります。

**Point**
大きさや固さは年齢に合わせてかえましょう。お弁当のおかずにもぴったりです。

1歳半～2歳

# ささみのナゲット

エネルギー **88kcal**
塩分 **0.3g**

**材料（大人2人＋子ども1人分）**
ささみ…3本（筋をとって開き、そぎ切り）
塩…少々
〈ころも〉
小麦粉…大さじ2
コーンスターチ…大さじ2
塩…少々
水…大さじ3

**作り方**

1 ささみに塩をふって下味をつける。
2 ボウルに小麦粉とコーンスターチ、塩を入れ、水で溶く。
3 **1**に**2**をからめて、中温（170度）に熱した揚げ油（分量外）で、キツネ色になるまで揚げる。

**Arrange**
ささみ以外に鶏むね肉や、かじきなどの白身魚を使うと、また違った味わいに。

**Point**
ころもにコーンスターチを加えることでカリッとした食感にしあがります。

3～5歳

# 豚肉とパプリカのレンジ炒め

エネルギー 99kcal
塩分 0.5g

**材料（大人2人＋子ども1人分）**

豚しゃぶしゃぶ用肉…150g

A
- オイスターソース…小さじ2
- しょうゆ…小さじ1
- ごま油…小さじ1
- 片栗粉…小さじ1

パプリカ（黄）…1/2個（縦半分に切り、斜め1cm幅に切る）

いんげん…12本（4～5cmの長さに切る）

**作り方**

1 耐熱ボウルに豚肉を入れて**A**をもみ込む。

2 パプリカ、いんげんを加えて全体を混ぜ、ラップをふんわりとかけて、電子レンジで約4分加熱する。

3 上下を返すように混ぜ、再びラップをして2分ほど加熱する。

**Arrange**

いんげんの他にグリーンアスパラやブロッコリーなどの野菜にかえても。

**Point**

緑黄色野菜はカロテンが豊富。カロテンは油脂と一緒にとると吸収率が上がり、脂身の多い豚肉と相性がよくなります。パプリカはビタミンCが多く、緑のピーマンの約2倍。レンジ調理の簡単メニューです。

3～5歳

# 豚肉のりんごソース

エネルギー 146kcal
塩分 0.6g

**材料（大人2人＋子ども1人分）**

豚ヒレかたまり肉…200g（1cm厚さに切り、たたきのばす）
塩…少々
小麦粉…適量
サラダ油…大さじ1
りんご…1/2個（6等分し、2切れはすりおろし、残りは薄いいちょう切り）
バター…大さじ1
顆粒コンソメスープの素…小さじ1/2
水…3/4カップ
ブロッコリー…5房（塩少々を加えた湯でゆでる）
〈マッシュポテト〉
じゃがいも…1個
牛乳…大さじ2
塩…少々

**作り方**

1. 豚肉に塩をなじませて小麦粉を薄くまぶし、サラダ油を熱したフライパンで両面を焼いて火を通し、とり出す。
2. **1**のフライパンにバターを入れ、溶けてきたら、いちょう切りのりんごを加えてソテーする。りんごがやわらかくなったら、水、スープの素、すりおろしたりんごを加えて少し煮詰める。
3. じゃがいもをゆでてつぶしてなめらかにし、牛乳と塩を加えてのばす。
4. **1**に**2**をかけ、**3**とブロッコリーを添える。

**Arrange**
りんご以外にも、パイナップルでソースを作ってもおいしいです。

**Point**
豚ヒレ肉は脂質が少なく消化がよいので、子どもにおすすめの食品です。よくかむように声かけをし、のどに詰まらせないよう注意しましょう。

3～5歳

## 小松菜の肉巻き

エネルギー 106kcal
塩分 0.7g

**材料（大人2人＋子ども1人分）**
豚もも薄切り肉 … 200g
塩・こしょう … 各少々
小麦粉 … 少々
小松菜 … 1/2束（塩ゆでして、食べやすい大きさに切る。子ども用は葉先を刻む）
サラダ油 … 小さじ2
しょうゆ・みりん … 各小さじ2

**作り方**

1 豚肉を広げて塩、こしょうをして下味をつける。子ども用はこしょうをかけず、半分の長さに切る。
2 **1** の汁けをキッチンペーパーなどで押さえてとり、小麦粉を薄くふったあと、小松菜を端にのせてくるくると巻く。
3 フライパンにサラダ油を熱し、**2** の巻き終わりを下にして焼きつけたら、転がしながら焼き色をつけ、火を弱めてふたをして蒸し焼きにする。しあげにしょうゆとみりんを加えて味をからめる。

3～5歳

## 豚肉の長いも焼き

エネルギー 110kcal
塩分 0.4g

**材料（大人2人＋子ども1人分）**
長いも … 10cm（1.5～2cm幅の棒状に8等分する）
豚ももしゃぶしゃぶ用 … 8枚（160g）
サラダ油 … 大さじ1
ウスターソース … 大さじ1
青のり … 小さじ1
削り節 … 小1/2袋

**作り方**

1 長いもを豚肉で巻く。
2 サラダ油を熱し、**1** の巻き終わりを下にしてフライパンで焼き、ウスターソースを加えて転がしながらからめる。
3 食べやすく切って器に盛り、青のり、削り節をふる。

**Arrange**
豚肉を牛肉に、長いもをオクラにかえても。

**Point**
長いもはかみやすく、消化によい食材です。さくさくとした食感が楽しめます。

3～5歳

# 牛肉と野菜のケチャップ炒め

エネルギー 113kcal
塩分 0.3g

**材料（大人2人＋子ども1人分）**

牛もも焼き肉用肉 … 180g（食べやすい大きさに切る）
玉ねぎ … 1/2個（くし形切り）
グリーンアスパラ … 1束（根元のかたい部分を切り落としてはかまをとり、1cm幅の斜め切り）
プチトマト … 8個（半分に切る）
A
ケチャップ … 大さじ2
酒 … 大さじ1
ウスターソース … 小さじ1
砂糖 … 小さじ1
サラダ油 … 小さじ1
粗びき黒こしょう … 少々（大人用）

**作り方**

1 フライパンにサラダ油を熱し、牛肉を炒める。牛肉の色が変わったら、玉ねぎとアスパラを加えて、しんなりするまで炒める。
2 **1**にプチトマト、混ぜ合わせた**A**を加え、汁けをとばしながら炒める。
3 器に盛り、大人用には粗びき黒こしょうをふる。

**Arrange**

牛肉ではなく、豚もも薄切り肉でも。グリーンアスパラはいんげんにかえてもOK。

**Point**

多くの子どもが苦手な酸味。慣れるには、まずはケチャップの味つけから始めてみましょう。

1歳半〜2歳

## 鶏肉だんごとブロッコリーのクリーム煮

エネルギー 117kcal
塩分 0.9g

**材料（大人2人＋子ども1人分）**

鶏ひき肉…200g

A
- 塩・こしょう…各少々
- 酒・片栗粉…各小さじ1

ブロッコリー…1/2個（小房に分けて塩ゆでする）

長ねぎ…1/2本（縦半分に切って斜め切り）

水…1カップ

牛乳…1カップ

顆粒コンソメスープの素…小さじ1

片栗粉…小さじ2（牛乳大さじ1で溶いておく）

塩・こしょう・粉チーズ…各少々

**作り方**

1 ひき肉に**A**を加えて混ぜておく。

2 鍋に水、スープの素を入れて温め、煮立ったら**1**をスプーンでだんご形に成形しながら加える。肉だんごが煮えたら、ねぎを加える。

3 **2**に牛乳を加えてひと煮し、ブロッコリーを加える。牛乳で溶いた片栗粉を加えて煮ながらよくかき混ぜ、塩、こしょうで味を調える。

4 しあげに粉チーズをふる。

1歳半〜2歳

## ほうれんそう入り水ギョウザ

エネルギー 114kcal
塩分 0.7g

**材料（26個分）**

A
- ほうれんそう…1束（下ゆでして水けを切り、みじん切り）
- 長ねぎのみじん切り…大さじ2
- 豚ひき肉…180g
- ごま油・しょうゆ・片栗粉…各小さじ1
- 塩…小さじ1/5、こしょう…少々

ギョウザの皮…26枚（1袋）

水…2と1/2カップ

鶏ガラスープの素…小さじ2

しょうゆ…小さじ1

**作り方**

1 ボウルに**A**を入れてよく混ぜ、26等分し、ギョウザの皮で包む。

2 鍋に水、鶏ガラスープの素、しょうゆを入れて温め、沸騰したら**1**を15個入れて煮る（3個は子どもの分）。

**Arrange**
焼いてもおいしくいただけます。

**Point**
火をとおさなかったギョウザは重ならないように並べて冷凍し、凍ったら保存袋に移して冷凍保存。解凍せずに使えます。

3〜5歳

## 豚肉のカレーしょうが焼き

エネルギー 138kcal
塩分 0.6g

**材料（大人2人＋子ども1人分）**

豚しょうが焼き用肉…7枚

A
- 酒…大さじ1
- しょうが汁…小さじ1

B
- しょうゆ・みりん・酒…各大さじ1
- カレー粉…少々、しょうが汁…小さじ2

サラダ油…大さじ1

**作り方**

1 豚肉にAをなじませ、10分ほどおく。

2 フライパンにサラダ油を熱し、1の両面を焼いてBを回し入れ、からめる。

**Arrange**

肉はヒレや肩ロースにかえてもおいしいです。P26のマッシュポテトを添えて。

**Point**

普段のしょうが焼きをカレー風味にするだけで、食べやすくなります。

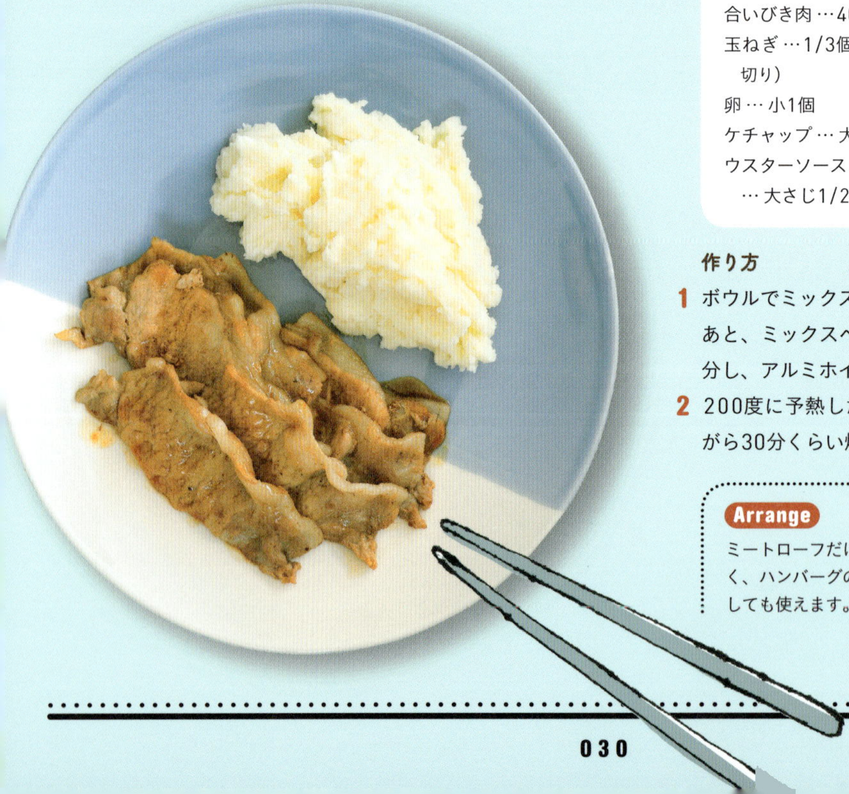

1歳半〜2歳

## ミートローフ

エネルギー 254kcal
塩分 0.9g

**材料（大人2人＋子ども1人分）**

合いびき肉…400g

玉ねぎ…1/3個（みじん切り）

卵…小1個

ケチャップ…大さじ1

ウスターソース…大さじ1/2

塩…小さじ1/3

パン粉…25g（牛乳大さじ1でふやかしておく）

ミックスベジタブル…200g

**作り方**

1 ボウルでミックスベジタブル以外の材料をよく混ぜたあと、ミックスベジタブルを加えて混ぜ、タネを2等分し、アルミホイルで包んで丸い棒状にする。

2 200度に予熱したオーブンでときどき上下を返しながら30分くらい焼いて冷まし、切り分ける。

**Arrange**

ミートローフだけではなく、ハンバーグのたねとしても使えます。

**Point**

タネは冷蔵で3日間、保存できます。切って冷凍保存してもよいでしょう。お弁当のおかずにも。

1歳半～2歳

## 五目ひき肉そぼろ

エネルギー 136kcal
塩分 1.7g

**材料（大人2人＋子ども1人分）**

豚ひき肉…200g
にんにく…1かけ
しょうが…1/2かけ
長ねぎ…1/4本
にんじん…1cm
たけのこ…25g
しいたけ…1個
※豚ひき肉以外はすべてみじん切りにする。

サラダ油…大さじ1

A
- オイスターソース…大さじ1
- みそ・しょうゆ…各大さじ1と1/3
- 砂糖…大さじ1/2
- 酒…大さじ1/2

**作り方**

1 フライパンにサラダ油、にんにく、しょうがを入れて弱火で炒め、香りが立ったら他の野菜としいたけ、ひき肉を加えて炒め合わせる。

2 A、水1カップ（分量外）を加え、汁けが少なくなるまで煮詰める。

**Arrange**
豚ひき肉を鶏ひき肉にかえても。ご飯やそうめんにのせてもおいしいです。

**Point**
濃いめの味つけなので、だし汁でうすめたり、調味料を減らしてもかまいません。

3～5歳

## 鶏肉と夏野菜のトマト煮

エネルギー 150kcal
塩分 0.5g

**材料（大人2人＋子ども1人分）**

鶏もも肉…1枚（ひと口大に切る）
塩・こしょう…各少々
小麦粉…適量
にんにく…1と1/2かけ（つぶす）
オリーブ油…大さじ1
玉ねぎ…小1/2個（1cm角に切る）
パプリカ（赤）…1/4個（乱切り）
なす…大1本（乱切り）
セロリ…1/2本（乱切り）
トマト水煮（ホール）…1/2缶
ケチャップ…大さじ1と1/2
水…75mℓ

**作り方**

1 鶏肉に塩、こしょう、小麦粉をふってなじませる。

2 フライパンにオリーブ油の半量を入れて熱し、1を加えて表面に焼き色をつけてとり出す。

3 フライパンをふきとり、残りのオリーブ油、にんにくを入れて弱火で炒める。にんにくが色づいたら、玉ねぎ、パプリカ、なす、セロリを加えてしんなりするまで炒める。

4 2を戻し入れ、トマト水煮、ケチャップ、水を加えて5分ほど煮る。塩・こしょう（分量外）で味を調える。

1歳半～2歳

# たらのチーズフライ

エネルギー 112kcal

塩分 0.6g

**材料（大人2人＋子ども1人分）**

- たら…2切れ（皮をとってそぎ切り）
- 塩…少々
- 小麦粉…適量
- 溶き卵…1個分
- パン粉…大さじ4
- 粉チーズ…大さじ4

**作り方**

1. たらに塩をふる（大人用にはさらにこしょうをふってもよい）。
2. **1**に小麦粉を薄くまぶし、溶き卵にくぐらせ、粉チーズを加えて混ぜたパン粉をつけて、180度に熱した揚げ油（分量外）でキツネ色になるまで揚げる。

**Arrange**

たらをかじきや鮭、鶏肉（むね肉、ささみなど）にかえてもよいでしょう。

**Point**

素材の水けをよくふいてからころもをつけましょう。フライパンに入れる油は、1cm程度の深さでOK。

1歳半〜2歳

## いわしハンバーグ

エネルギー 131kcal
塩分 0.6g

**材料（12個分）**

いわし…3尾分（正味150g）
木綿豆腐…1/4丁
マヨネーズ・みそ・片栗粉…各小さじ2
塩…少々
パン粉…1カップ
サラダ油…少々
プチトマト…適量（半分に切る）

**作り方**

1 豆腐を水切りし、すり身でないいわしはすっておく（フードプロセッサー可）。
2 いわし、豆腐、マヨネーズ、みそ、片栗粉、塩、パン粉を混ぜ合わせ、ひと口大の平たい丸形にする。
3 サラダ油を熱したフライパンで両面を焼き、中まで火をとおす。
4 プチトマトを添える。

**Arrange**
あじやさばの水煮缶で作ってもOK。

**Point**
子どもには食べづらい青魚も、木綿豆腐で口当たりがよくなります。

1歳半〜2歳

## かじきのパン粉焼き

エネルギー 127kcal
塩分 0.4g

**材料（大人2人＋子ども1人分）**

かじき…大2切れ（食べやすい大きさにそぎ切り）
塩・こしょう…各少々
A | 小麦粉・牛乳…各大さじ1
パン粉…大さじ3（細かくする）
サラダ油…大さじ2〜3

**作り方**

1 かじきに塩、こしょうをして下味をつける。
2 **1**に、よく混ぜ合わせた**A**、パン粉の順につける。
3 フライパンにサラダ油を熱し、**2**を揚げ焼きにする。

**Arrange**
かじきはささみにしてもOK。P32のようにパン粉に粉チーズを加えてもおいしいです。

**Point**
パン粉を細かくすることで、油の吸収を少なくすることができます。

3～5歳

# ぶりの2色竜田揚げ

| | |
|---|---|
| エネルギー | 158kcal |
| 塩分 | 0.5g |

**材料（大人2人＋子ども1人分）**

ぶり … 大2切れ（ひと口大のそぎ切り）

A | しょうゆ・みりん … 各小さじ2
  | しょうが汁・カレー粉 … 各少々

B | 塩・酒・青のり … 各少々

片栗粉 … 適量

揚げ油 … 適量

パプリカ … 1/2個（縦に細切り）

**作り方**

1 ぶりの半量に **A**、半量に **B** をなじませる。

2 140度に熱した揚げ油でパプリカを素揚げする。

3 **1** に片栗粉をまぶして、170度に温度を上げた油でカラリと揚げ、**2** と盛り合わせる。

**Arrange**

ぶりの他、あじやさば、さんまなどでも。

**Point**

かぼちゃやピーマンなどを一緒に素揚げすれば、一度に副菜も完成します。

## さわらの照り焼き

1歳半〜2歳

エネルギー 84kcal
塩分 0.4g

**材料（大人2人＋子ども1人分）**

さわら…2切れ
A | しょうゆ・みりん・酒…各小さじ2
小麦粉…適量
サラダ油…小さじ2

**作り方**

1 さわらをAに漬けて5分ほどおき、水けをとったら、小麦粉をごく薄くまぶす。
2 フライパンにサラダ油を熱し、1の両面を焼き、漬け汁を回しかけてからめる。

**Arrange**
さわら以外だと、ぶりや鮭でもよいでしょう。

**Point**
さわら、ぶり、あじなどの青魚には、DHAが豊富に含まれ、脳の活性化に役立ちます。皮はとって食べましょう。

## 鮭のみそ煮

1歳半〜2歳

エネルギー 63kcal
塩分 0.6g

**材料（大人2人＋子ども1人分）**

鮭…2切れ（ひと口大のそぎ切り）
酒…大さじ1
片栗粉…大さじ2
だし汁…1と1/2カップ
みそ…大さじ1

**作り方**

1 鮭に酒をふり、片栗粉をもみこむ。
2 鍋にだし汁を温め、煮立ったら1を加えて煮る。
3 とろみがついてきたら、みそを加えて溶かす。

**Arrange**
さばやかじきで作ってもおいしいです。

**Point**
片栗粉をもみ込むことで口当たりがよく、食べやすくなります。

3～5歳

# 大豆＆ひじき入りつくね

エネルギー **106kcal**
塩分 **0.6g**

**材料（大人2人＋子ども1人分）**

A
- 鶏ひき肉…150g
- 大豆（水煮缶）…100g（ポリ袋に入れて粗くつぶす）
- ひじき（乾燥）…10g（水につけてもどし、さっと下ゆでして刻む）
- 卵黄…1/2個分
- パン粉…大さじ3
- 玉ねぎ…大さじ2（みじん切り）
- 塩…少々
- みそ…小さじ2

サラダ油…少々
サラダ菜…3～4枚

**作り方**

1 ボウルに**A**を合わせて食べやすい大きさに成形する。

2 フライパンにサラダ油を熱し、**1**の両面を焼き、焼き色がついたら、火を弱めてふたをして蒸し焼きにする。器にサラダ菜と一緒に盛りつける。

**Arrange**
みそではなく、しょうゆとみりんを1：1で合わせて最後にからめると、照り焼き風に。

**Point**
大豆でカルシウム＆タンパク質、ひじきで鉄がとれます。幼児食前期の子どもに与える場合は大豆を完全につぶしましょう。

## 豆腐ハンバーグ

1歳半～2歳

エネルギー 81kcal
塩分 0.3g

**材料（大人2人＋子ども1人分）**

木綿豆腐…1/2丁（水けをしぼる）
れんこん…200g（すりおろして水けを切る）
玉ねぎ…1/4個（みじん切り）
サラダ油（玉ねぎ用）…小さじ1
片栗粉…大さじ2
塩…少々
サラダ油…少々
ケチャップ…適量
ブロッコリー…適量（小房に分けてゆでる）

**作り方**

1 フライパンにサラダ油を熱し、玉ねぎを炒めて冷ましておく。
2 1をボウルに移し、豆腐、れんこん、片栗粉、塩を混ぜ合わせて小判型に成形する。
3 フライパンにサラダ油を熱し、2の両面を焼き色がつくまで焼き、中まで火をとおす。ブロッコリーを添え、ケチャップをかける。

## 納豆のお好み焼き風スクランブルエッグ

3～5歳

エネルギー 112kcal
塩分 0.7g

**材料（大人2人分＋子ども1人分）**

卵…3個
納豆…2パック（添付のたれを混ぜておく）
サラダ油…小さじ2
お好み焼きソース…少々
マヨネーズ…少々
削り節…少々
青のり…少々

**作り方**

1 ボウルに卵を割りほぐし、納豆を加えてよく混ぜる。
2 フライパンにサラダ油を熱し、1を流し入れ、スクランブル状にしあげる。
3 器に盛り、お好み焼きソース、マヨネーズをかけ、削り節と青のりをふる。

**Arrange**
味つけをしょうゆにすると、さっぱりとした味わいになります。

**Point**
朝食におすすめ。手軽に作れるのにボリューム感があります。

1歳半～2歳

## アスパラの卵とじ

エネルギー **38kcal**
塩分 **0.3g**

**材料（大人2人＋子ども1人分）**

グリーンアスパラ…100g（根元のかたい部分を切り落とし、はかまをとっておく）
塩…少々
だし汁…1/2カップ
しょうゆ…小さじ1
溶き卵…2個分

**作り方**

1 小鍋に水（分量外）を入れて沸かし、塩を加えてアスパラをゆで、斜め切りにする。

2 だし汁を温めて**1**を加え、しょうゆで味を調えて煮立たせ、溶き卵を回し入れる。卵が固まったら火を止める。

**Arrange**

絹さや、ブロッコリー、ほうれんそうなど、緑の野菜が合います。

**Point**

調味料が少なく、だし汁と卵がふわっと香るやさしい味わいです。

1歳半～2歳

## スパニッシュオムレツ

エネルギー **163kcal**
塩分 **0.4g**

**材料（大人2人＋子ども1人分）**

卵…3個
じゃがいも…1個（さいの目切り）
ウインナ…3本（粗みじん切り）
粉チーズ…大さじ2
パセリのみじん切り…大さじ2
オリーブ油…大さじ2

**作り方**

1 ボウルに卵を割りほぐし、粉チーズとパセリを加えてよく混ぜる。

2 フライパンにオリーブ油を入れて熱し、じゃがいも、ウインナを炒め、油が回ったら、**1**を加えて大きく混ぜる。ふたをして弱火で6～7分蒸し焼きにする。

3 ひっくり返してさらに1～2分焼いたら、食べやすい大きさに切る。

**Arrange**

具は、ツナでもシーフードミックスでもOK。苦手な野菜も、細かくして入れると食べやすくなります。

**Point**

卵に具材を混ぜ、丸く焼いたスパニッシュオムレツ。冷凍保存（約2週間保存可）しておくと、食卓にもう一品欲しいときや、お弁当に役立ちます。

3〜5歳

# カレー漬けうずら卵のピック

エネルギー **61kcal**
塩分 **0.6g**

**材料（大人2人＋子ども1人分）**

うずら卵の水煮…8個

A
- 水…1/2カップ
- カレー粉…小さじ1/2、
- 顆粒だしの素…小さじ1、砂糖…少々

きゅうり…1/2本（食べやすい大きさに切る）

プロセスチーズ…8個（コロコロのキャンディサイズ）

**作り方**

1. **A**を小鍋に入れて煮立て、うずら卵を加えて5分ほど煮る。火を止めてそのまま20分くらい漬けこむ。
2. **1**ときゅうり、プロセスチーズをピックなどで刺して盛る。

**Arrange**
カレー粉はお酢との相性がよいので、「スイートピクルス」(P123) と合わせるのもおすすめ。

**Point**
手軽にできてつまみやすいので、お弁当はもちろん、パーティなどでも活躍する一品です。食べるときはピックを抜きます。

1歳半〜2歳

# ミックスオムレツ

エネルギー **159kcal**
塩分 **0.7g**

**材料（大人2人＋子ども1人分）**

卵…3個

ピザ用チーズ…40g

ウインナ…4本（薄切り）

ミックスベジタブル…80g

バター…大さじ1

塩・こしょう…各少々

ケチャップ…適量

**作り方**

1. ボウルに卵を割りほぐし、塩、こしょう、ピザ用チーズを加えて混ぜる。
2. フライパンにバターを熱し、ウインナ、ミックスベジタブルを加えて炒める。**1**を回し入れ、半熟状になったらふたをして弱火で6分、蒸し焼きにする。
3. ひっくり返して、さらに2分ほど焼く。あら熱がとれたら切り分ける。好みでケチャップを添える。

**Arrange**
手軽さでミックスベジタブルを使っていますが、冷蔵庫にある野菜でも作れます。

**Point**
カラフルな見た目で、子どもの食欲をそそります。お弁当の彩りにもぴったり。

# 幼児期に
# 気をつけたい食材・食品

**幼児期には避けたほうがよい、**
**または、気をつける必要のある食材と食品があります。**

## ポイントは
## 大きく分けて4つ

幼児期に注意したい食材や食品については、次の4つを押さえておくとよいでしょう。

### ①塩分・糖分・油分の多いもの

子どもの内臓は、まだ機能が発達している段階にあります。塩分のとりすぎは、からだに負担となるので注意しましょう。塩分量の目安は、1歳半~2歳は、3g未満、3~5歳は、3.5g未満です。小さじ1杯分が塩5gですから、気をつけていないと、すぐにオーバーしてしまいます。糖分は、とりすぎるとムシ歯になりやすく、低血糖症になることもまれにあります。料理の味付けは薄味を心がけましょう。また、油分のとりすぎは肥満のもと。油はオリーブ油やなたね油などの良質な植物油がおすすめです。

### ②刺激が強いもの

カラシや唐辛子、こしょう、炭酸飲料など、刺激のあるものは、子どもにとっては胃にも負担がかかり、不向きな食材です。できるだけ避けてください。

### ③なまもの

刺身などのなまものは、時間の経過とともに鮮度が落ち、細菌の数もふえていきます。子どもは免疫力が弱いので、衛生管理に気をつけ、食中毒にならないようにしましょう。

### ④誤嚥の可能性があるもの

幼児期に怖いのが誤嚥です。子どもは食べ物を詰まらせやすく、気管に入って肺炎を起こすこともあります。粘りのあるもの、つるつるしたものはとくに注意して。お子さんの咀嚼力や飲み込む力をよく観察して与えましょう。左ページの食材・食品リストや、年齢別・食品別の幼児食の与え方のポイント（P7、P9）を参考に調理してください。

## 加工品や外食で
## 気をつけること

ウインナやベーコンなどの加工食品、総菜などは手軽で便利ですが、塩分が多く、保存料や着色料などの食品添加物も含まれます。食品添加物が健康に及ぼす影響については、まだ分かっていないことも多いですが、多量に摂取すると発がんのおそれがあるといわれるものもあります。気をつけておいたほうがよいでしょう。

購入する際は、食品表示を参考に。原材料表示は、重量の割合が多い順に記載されています。ここから塩分や油分、よけいな添加物が多く含まれていないかをチェックしましょう。ただし、表示があっても、これらは材料の産地も鮮度もわかりません。できるだけ加工品は避け、農薬の少ない食材を選びましょう。

また、外食をするときにも注意したいことがあります。メニューの中心は、肉や揚げものなどおとなに人気の料理であることが少なくありません。また、冷めてもおいしさを保てるように味つけが濃く、高カロリーである場合が多いので、塩分と脂肪をとりすぎてしまいます。子ども用のメニューを利用するにしても、外食は月に1~2回、たまのお楽しみと考えたほうがよいでしょう。

とはいえ、忙しくて毎日作ることが難しい家庭もあると思います。総菜をとり入れるときは、おかず一品に野菜を添える、常備菜を用意しておいて副菜としてつける、などの工夫をしてみてください。

# 【気をつけたい食材・食品リスト】

幼児期、とくに3歳までは気をつけるべき食品がたくさんあります。幼児食前期、幼児食後期、それぞれに注意が必要な食品と注意点をあげました。

○…食べさせてもよい
△…鮮度や調理方法に注意をすれば与えてもよい
×…食べさせない

| 分類 | 食品名 | 幼児食前期（1歳半～2歳） | 幼児食後期（3～5歳） | 注意点 |
|---|---|---|---|---|
| タンパク質 | 刺身 | △ | △ | 与える目安は2歳から。新鮮なものにして。 |
| | いか・たこ | △ | ○ | アレルギーや誤嚥に注意。かみ切れないので小さく切って。 |
| | 貝類 | △ | ○ | よく加熱して、刻みましょう。 |
| | 魚卵（いくら・たらこ） | △ | △ | 塩分が多いので、少量にとどめて。 |
| | ウインナ | △ | ○ | 添加物の少ないものを選びましょう。 |
| | 干もの | △ | △ | 塩分が多いので、少量にとどめて。 |
| | うなぎ | × | △ | 小骨をとりましょう。うな重は味が濃いので3歳から。 |
| | 生卵 | △ | △ | 細菌感染の可能性があるので、少量にとどめて。 |
| | 油揚げ | △ | ○ | かみ切れないため、幼児食前期は細かくして。 |
| | ベーコン | △ | ○ | だしに使う場合は1歳からでも。添加物の少ないものを選んで。 |
| 野菜 | 生野菜 | △ | ○ | 幼児食前期は、さっとゆでて与えて。 |
| | 生の玉ねぎ・ねぎ | × | △ | 刺激が強いので、なるべく避けて。 |
| | 干ししいたけ | △ | ○ | 繊維質が多いので、食べるのは歯が生えそろってから。だしはOK。 |
| | しょうが・にんにく | △ | △ | 加熱して香りづけ程度に使いましょう。 |
| | 山いも | △ | △ | アクがあり刺激が強いので、火を通すこと。 |
| 炭水化物 | 玄米 | △ | ○ | 消化吸収率が悪くなるので、やわらかく炊きましょう。 |
| | もち米 | △ | ○ | 弾力のあるものは奥歯が生えてから。 |
| | もち | × | △ | 誤嚥の心配があるので、小さくちぎって。 |
| | ライ麦パン | △ | ○ | 消化しにくいので3歳以降に。 |
| | インスタント麺 | × | △ | 油分、塩分、添加物を多く含むのでなるべく避けて。 |
| 調味料 | こしょう | △ | △ | 刺激物なので、風味づけ程度に。 |
| | 辛い香辛料 | × | × | 唐辛子のような刺激物は避けましょう。 |
| その他 | ナッツ類 | △ | △ | のどに詰まったり、気管に入ったりすることがあるので注意。 |
| | こんにゃく・しらたき | △ | △ | 弾力があるので誤嚥に注意。 |
| | ウーロン茶・紅茶・緑茶 | △ | △ | カフェインが入っているので、なるべく避けましょう。 |
| | 漬けもの | △ | ○ | 塩分が多いので、少量にとどめて。 |
| | キムチ | × | × | 刺激が強いので、幼児期は避けましょう。 |

※表は目安です。少量ずつ、子どものようすを見ながら食べさせてください。

子どもの「食」Q&A

# 好き嫌い①

## Q

## 肉はよく食べますが、魚は残してしまうことがあります。

### Answer

肉料理は子どもに好まれることが多く、比較的食卓での登場回数が多いようですが、敬遠されやすいのが魚料理です。

特に青魚は臭みがあり、苦手な子どもが多いようです。けれど、魚のなかでも特に青魚には代謝を促し、成長を助ける「成長のビタミン」ともいわれる、ビタミン$B_2$やビタミン$B_6$が豊富に含まれています。さらに、脂質に多く含まれるDHA（ドコサヘキサエン酸）という不飽和脂肪酸は、乳幼児の脳の発達や視力の向上に欠かせません。

1歳を過ぎて歯が生えそろってきたら、成長のためにも、青魚は積極的に食べてほしい食材です。

乳幼児は、身がやわらかい白身魚はよく食べます。生臭さが少ないのでうす味で煮たり、焼いたりしても食べやすいからですが、青魚は生臭さが強いので調理に工夫が必要です。

たとえば「ぶりの2色竜田揚げ」（P34）のように、カレー粉を加えて下味を工夫したり、照り焼きや竜田揚げにしたりすると食べやすくなります。また、「いわしハンバーグ」（P33）のように、すり身にして卵や豆腐などのつなぎを加えて、だんごやハンバーグにしたものも好まれます。

保護者が魚料理の調理方法のレパートリーをふやして、味や食感に変化をつけ、子どもたちにパクパクと魚を食べてもらいましょう。

Chapter 2

# 野菜のレシピ

野菜は、不足しがちなビタミンや食物繊維を多く含んでいます。
子どもが苦手な野菜は、切り方や味つけを工夫することで食べやすくなり、
満足感もアップ！　肉などのタンパク質と合わせれば、
ボリュームたっぷりの副菜になります。

3〜5歳

# なすのミートソース焼き

エネルギー 170kcal
塩分 1.0g

**材料（大人2人＋子ども1人分）**

なす…3本（薄めの半月切りにして水にさらし、水けをよくふく）
オリーブ油…大さじ1
塩…少々
ピザ用チーズ…50g
〈ミートソース：作りやすい分量（2食分）〉
合いびき肉…300g
にんじん…1本（すりおろし）
玉ねぎ…1/2個（みじん切り）
にんにく…1かけ（みじん切り）
トマト水煮（ホール）…1缶
ケチャップ…大さじ2
塩…小さじ1
こしょう…少々
オリーブ油…大さじ1

**作り方**

1 ミートソースを作る。フライパンにオリーブ油とにんにくを熱して、玉ねぎとにんじんを炒めたら、ひき肉を加えてポロポロになるまで炒める。トマト水煮をつぶしながら入れ、ケチャップ、塩、こしょうを加えて、汁けがなくなるまで煮る。

2 別のフライパンにオリーブ油を熱し、なすをしんなりするまで炒めて、塩をふる。

3 耐熱容器に**2**を敷き**1**の半量を覆うようにのせたらピザ用チーズをのせ、オーブン（温度は220〜250度）かオーブントースターでチーズが溶けて焼き色がつくまで焼く。

**Arrange**

なすをかぼちゃやじゃがいもにすると、食べごたえが増します。残ったミートソースは、冷蔵保存してパスタのソースに。

**Point**

なすとミートソースがよくからむことで、食べやすくなり、野菜が無理なくとれます。

3〜5歳

# かぼちゃコロッケ

エネルギー 177kcal
塩分 0.2g

**材料（大人2人＋子ども1人分）**

冷凍かぼちゃ…300g（解凍してつぶす）
玉ねぎ…1/4個（みじん切り）
合いびき肉…50g
サラダ油…小さじ1
塩・こしょう…各少々
プチトマト…4個（子ども用は半個）
サラダ菜…2〜3枚
小麦粉・溶き卵・パン粉…各適量

**作り方**

1 フライパンにサラダ油を熱し、玉ねぎを炒める。しんなりしたらひき肉を加え、色が変わったら火を止め、あら熱をとる。かぼちゃを加えて混ぜ、塩、こしょうで味を調える。
2 **1**を小さな俵形に成形し、小麦粉、溶き卵、パン粉の順にころもをつけて180度に熱した揚げ油（分量外）で揚げる。
3 プチトマト、サラダ菜を添え、好みでケチャップソース（ケチャップとウスターソース各大さじ2を混ぜ合わせたもの。分量外）をかける。

**Arrange**
カレー粉を小さじ1/3加えるとカレー風味に。

**Point**
幼児食前期の子どもは、食べやすいようひと口サイズのボール形に成形しましょう。

3～5歳

# さつまいものグラタン

エネルギー 238kcal
塩分 0.6g

**材料（大人2人＋子ども1人分）**

さつまいも … 中1本（厚さ1㎝のいちょう切り、または半月切り）
玉ねぎ … 1/2個（薄切り）
バター … 大さじ2
牛乳 … 1カップ
顆粒コンソメスープの素 … 小さじ1
生クリーム … 1/2カップ
塩・こしょう … 各少々
ピザ用チーズ … 50g

**作り方**

1 鍋にバターを熱し、玉ねぎをしんなりするまで炒め、さつまいもを加えてさらに炒める。

2 **1**に牛乳とスープの素を加えて、さつまいもがやわらかくなり、汁けが少なくなるまで煮る。

3 **2**を耐熱皿に移し、ピザ用チーズを散らして生クリームをかけ、塩、こしょうをふって、250度に予熱したオーブンで10分ほどこげ目がつくまで焼く。

**Arrange**

さつまいもは、じゃがいもにかえてもおいしいです。

**Point**

オーブンに入れる前の段階まで作って冷凍保存しておくと、忙しい日のごはんに便利。小さなカップに小分けしておけば、お弁当にも使い勝手がよくなります。

1歳半〜2歳

# ラタトゥイユ

エネルギー 20kcal
塩分 0.3g

**材料（大人2人＋子ども1人分）**

なす…1本（5mm厚さのいちょう切り）
パプリカ（赤・黄）…各1/4個（1cm角に切る）
玉ねぎ…1/4個（1cm角に切る）
トマト…1/2個（湯むきしてタネをとり、1cm角に切る）
にんにく…小1/2かけ（みじん切り）
オリーブ油…大さじ1/4
ローリエ…1/2枚
塩・こしょう…各少々

**作り方**

1 鍋にオリーブ油とにんにく、玉ねぎを入れて弱火で炒める。
2 にんにくが色づいたら、なす、パプリカを加え、しんなりするまで炒め、ふたをして弱火で蒸し煮にする。
3 トマト、ローリエ、塩、こしょうを加え、さらにふたをして蒸し煮にする。

**Arrange**
たくさん作って、パスタやオムレツのソースに転用しても。

**Point**
野菜から出る水分だけで蒸し煮にするので、栄養分を逃がしません。

3〜5歳

# 揚げなすのあんかけ

エネルギー 57kcal
塩分 0.4g

**材料（大人2人＋子ども1人分）**

なす…2本（切り目を入れてひと口大に切る）
だし汁…1カップ
A しょうゆ…小さじ2
A みりん…小さじ2
片栗粉…大さじ1/2（水大さじ1で溶いておく）
おろししょうが…少々
万能ねぎ…1本（小口切り）
揚げ油…適量

**作り方**

1 なすを素揚げし、火がとおったら油を切り器にのせる。
2 鍋にだし汁とAを合わせて煮立て、水で溶いた片栗粉でとろみをつけて1にかける。大人用にはねぎを散らし、しょうがをのせる。

**Arrange**
油を控えたい場合、なすを丸ごとラップで包んで電子レンジで3分加熱し、冷ましてから切ります。

**Point**
幼児食前期では、子どもの分（なす100g）の皮を[illegible]、1cm角に切ると食べやすくなります。

# 白菜のクリーム煮

1歳半～2歳

エネルギー 63kcal
塩分 0.6g

**材料(大人2人+子ども1人分)**

白菜…150g
生だら…1切れ
塩・酒…各少々
水…1と1/2カップ
顆粒コンソメスープの素…小さじ1
牛乳…3/4カップ
バター…大さじ1
片栗粉…小さじ1(水大さじ1で溶いておく)

**作り方**

1 白菜の葉は1cm角、軸は繊維を切るように1cm幅の細切りにしておく。たらは、塩・酒をふって電子レンジで3分加熱し、皮と骨をとってほぐす。
2 鍋に水とスープの素を入れて煮溶かし、白菜とバターを加えて白菜がやわらかくなるまで煮る。
3 たらと牛乳を加えて、塩(分量外)で味を調え、煮立ったら水で溶いた片栗粉を加えてとろみをつける。

**Arrange**
白菜をキャベツやかぶにかえてもOK。

**Point**
繊維が少ない白菜は、幼児にとって食べやすい葉ものです。

1歳半〜2歳

# かぶと油揚げのやわらか煮

エネルギー 25kcal
塩分 0.2g

**材料（大人2人＋子ども1人分）**
かぶ…1個（1㎝の角切り）
油揚げ…1/2枚（熱湯をかけて油ぬきし、小さく切る）
サラダ油…大さじ1/2
だし汁…1/2カップ
しょうゆ…小さじ1

**作り方**

1 鍋にサラダ油を入れて熱し、かぶと油揚げを加えて炒める。

2 だし汁を加えてやわらかくなるまで煮たら、しょうゆを加えて味を調える。

**Arrange**
油揚げを厚揚げやさつま揚げにすると食べごたえが増します。

**Point**
大根でもよいですが、かぶよりもやわらかくなるのに時間がかかるので、注意しましょう。

1歳半〜2歳

# 絹さや入りスクランブルエッグ

エネルギー 53kcal
塩分 0.2g

**材料（大人2人＋子ども1人分）**
絹さや…50g（筋をとって、やわらかくゆでて斜め切り）
卵…2個
粉チーズ…大さじ1
バター…小さじ2

**作り方**

1 ボウルに卵を割りほぐし、粉チーズを加えて混ぜる。

2 フライパンにバターを熱し、絹さやを炒めて1を回し入れ、スクランブル状にしあげる。

**Arrange**
お好みでケチャップを添えてもよいでしょう。

**Point**
絹さやは筋があると食べにくいので、筋はきちんととり、斜めに切ると食べやすくなります。

3～5歳

# 揚げ野菜のマリネサラダ

エネルギー 151kcal

塩分 1.2g

**材料（大人2人＋子ども1人分）**

A｜だし汁・酢…各1/2カップ
　｜砂糖・しょうゆ…各大さじ3

かぼちゃ…100g（厚さ5mm程度のひと口大に切る）

オクラ…4本（軸のかたい部分をとり、斜め半分に切る）

パプリカ（赤）…1個（縦5mm幅に切る）

いんげん…8本（斜め半分に切る）

**作り方**

1 **A**を小鍋に入れて煮立て、冷ます。

2 揚げ油（分量外）を160度に熱し、野菜を順に素揚げして、**1**に漬ける。

**Arrange**

大人用には、**A**に輪切りの唐辛子を加えると、ぴりっと辛いサラダになります。

**Point**

幼児食前期ではマリネ液にかるく漬けてから、とり出したものを食べます。

1歳半～2歳

## キャベツとささみのサラダ

エネルギー 44kcal

塩分 0.2g

**材料（大人2人＋子ども1人分）**

ささみ…2本

キャベツ…200g（ゆでて2cm長さの細切り）

酒…大さじ1

塩…少々

マヨネーズ…大さじ1

**作り方**

1 耐熱皿にささみをのせ、酒、塩をふってラップをし、電子レンジで2分加熱し、冷めたら1.5cm程度の長さにほぐす。

2 キャベツとささみをマヨネーズであえる。

**Arrange**

おとなは粒マスタードを加えたり、粗びき黒こしょうをふっても。ささみのかわりにツナでもOK。

**Point**

春キャベツで作ると、よりやわらかく甘いしあがりになります。

3～5歳

## グレープフルーツのサラダ

エネルギー 70kcal

塩分 0.2g

**材料（大人2人＋子ども1人分）**

サニーレタス…2枚（ちぎる）

トマト…1個（乱切り）

グレープフルーツ…1個（薄皮をむく）

くるみ…3個（炒って砕く）

A フレンチドレッシング（市販品）…大さじ1

A マヨネーズ…小さじ2

**作り方**

1 サニーレタス、トマト、グレープフルーツを合わせ、くるみを散らし、混ぜ合わせたAをかけてあえる。

**Arrange**

ドレッシングにグレープフルーツの果汁を混ぜると、よりさっぱりします。

**Point**

グレープフルーツ1個分で、1日に必要なビタミンCを補えます。くるみは細かく砕きましょう。

## かぼちゃとえびのサラダ

1歳半～2歳

エネルギー 73kcal
塩分 0.5g

**材料（大人2人＋子ども1人分）**

かぼちゃ…1/8個（ワタをとってひと口大に切る）
しめじ…1パック（ほぐす）
むきえび…100g
酒・塩…各少々
A プレーンヨーグルト…大さじ1
A マヨネーズ…大さじ1
塩…小さじ1/5

**作り方**

1 かぼちゃを鍋でゆで、竹串がとおるまでやわらかくなったらゆで汁を捨てて、水けをとばしてつぶす。
2 耐熱ボウルにしめじとむきえびを入れ、酒、塩をふり、ラップをして電子レンジで2分加熱して蒸らす。水けを切って **1** に加える。
3 **2** に、合わせた **A** と塩を加えて、あえる。

**Arrange**
しめじの他に、まいたけなどお好みのきのこを加えて歯ごたえにバリエーションをつけましょう。

**Point**
幼児食前期には、えびやしめじは小さく切っておきましょう。

## ほうれんそうのいそべあえ

1歳半～2歳

エネルギー 7kcal
塩分 0.2g

**材料（大人2人＋子ども1人分）**

ほうれんそう…1/2束（150g）
しょうゆ…小さじ1
焼きのり…全型1/2枚

**作り方**

1 ほうれんそうは根元に切り目を入れ、流水で洗う。のりはもみのり状にする。
2 ほうれんそうを茎と葉の部分を互い違いにしてラップで包み、電子レンジで2分加熱する。水にさらしてアクをとり、水けをしぼって細かく刻む。
3 **2** にしょうゆをなじませ、軽く水けを切って、のりであえる。

**Arrange**
ほうれんそう以外に、チンゲン菜や小松菜などの葉もの野菜でも。

**Point**
のりとしょうゆの組み合わせは子どもが好む味のひとつ。ほうれんそうの葉は、葉脈を切るように縦横に包丁を入れて刻むとかみやすくなります。また、ほうれんそうは水にさらしてアクをしっかり除くことで、食べやすくなります。

3～5歳

## スティック野菜

エネルギー 39kcal
塩分 0.2g

**材料（作りやすい分量）**

きゅうり…1本
にんじん…6cm
セロリ…1/2本
〈ゆずマヨソース（大人用）〉
マヨネーズ…大さじ2
ゆずこしょう
…小さじ1/2
〈オーロラソース〉
マヨネーズ…大さじ2
ケチャップ…大さじ1

**作り方**

1 3～6cmぐらいのスティック状に野菜を切る。
2 鍋に湯を沸かし、にんじんをゆでる。
3 それぞれのソースの材料を混ぜ合わせ、スティックに添える。

**Arrange**
きゅうり、にんじん、セロリの他に、大根など好みの野菜を加えても。

**Point**
子どもにはオーロラソースだけを使いましょう。幼児食前期は子どもの手に隠れない長さのスティック状に。

3～5歳

## マカロニサラダ

エネルギー 101kcal
塩分 0.4g

**材料（大人2人＋子ども1人分）**

早ゆでマカロニ…75g
にんじん…1/6本（せん切り）
玉ねぎ…1/8個（みじん切り）
きゅうり…1/4本（せん切り）
ハム…2枚（せん切り）
すし酢…大さじ1
マヨネーズ
…大さじ1と1/2
塩・こしょう…各少々

**作り方**

1 鍋に湯を沸かし、マカロニを加え、表示時間のゆで上がり2分前ににんじんを加え、一緒にゆで上げる。
2 1が熱いうちにボウルに入れ、玉ねぎ、すし酢を加えて混ぜ、あら熱をとる。
3 2にきゅうり、ハム、マヨネーズを加えて全体を混ぜ、塩、こしょうで味を調える。

**Arrange**
ハムをツナにしたり、マカロニをおもしろい形のものにかえたりすると見た目も楽しめます。

**Point**
マカロニとにんじんを一緒にゆでることで、時短になります。

## 3色ソテー

1歳半〜2歳

エネルギー 25kcal
塩分 0.2g

**材料（作りやすい分量）**

ベーコン…1枚（細切り）
ピーマン…2個（横に薄切りにし、よくゆでる）
ホールコーン…大さじ2
しょうゆ・みりん…各小さじ1/2

**作り方**

1 フライパンにベーコンを入れて熱し、脂が出てきたらピーマンとコーンを炒め合わせる。
2 しょうゆ、みりんを加えて炒りつける。

**Arrange**
ご飯にもパンにも合うおかずです。パンにのせてチーズとともに焼いてもいいですよ。

**Point**
ピーマンはよくゆでると、苦みが減り食べやすくなります。

## いんげんのピカタ

1歳半〜2歳

エネルギー 43kcal
塩分 0.2g

**材料（作りやすい分量）**

いんげん…8本（ヘタを落とす）
小麦粉…少々
A 溶き卵…1個分
A 粉チーズ…小さじ2
サラダ油…小さじ2
ケチャップ…適量

**作り方**

1 いんげんを下ゆでし（または電子レンジで20〜30秒加熱）、水けを切って小麦粉をまぶす。
2 **A**を**1**にからませ、サラダ油を熱したフライパンで、いんげんを横に4本いかだ状に並べ、両面を香ばしく焼く。
3 好みでケチャップを添える。

**Arrange**
いんげんはグリーンアスパラにかえてもGood。

**Point**
食べやすく切って盛りつけましょう。切り目も楽しめる一品です。お弁当のおかずにもおすすめ。

1歳半～2歳

# ブロッコリーの白あえ

エネルギー 52kcal
塩分 0.1g

**材料（大人2人＋子ども1人分）**

木綿豆腐…1/2丁（水切りをしておく）
ブロッコリー…80g（やわらかくゆでて細かく刻む）

A
- 白すりごま…小さじ2
- マヨネーズ…小さじ2
- しょうゆ…小さじ1/2

**作り方**

1 豆腐をすり鉢でなめらかにすり、**A**を加えて混ぜる。
2 **1**にブロッコリーを加えてあえる。

**Arrange**
にんじんやしめじなどを加えても、おいしく、彩りよくしあがります。

**Point**
あえごろもにマヨネーズを加えることで、コクが出て子どもが好みやすい味になります。

3～5歳

# カラフルサラダ

エネルギー 150kcal
塩分 0.6g

**材料（大人2人＋子ども1人分）**

ウインナ…4本（たこの形になるように切って炒める）
にんじん…1/2本（型抜きし、ゆでる）
ブロッコリー…1/2個（小房に分けてゆでる）
カリフラワー…1/2個（小房に分けてゆでる）
プチトマト…適量
レタス…1/2個（食べやすい大きさにちぎる）
ゆで卵…2個（輪切り）

A
- マヨネーズ…大さじ2
- ケチャップ…大さじ1

**作り方**

1 たこ形ウインナ、各野菜、ゆで卵を大きめの器に盛り合わせる。
2 **A**を合わせてオーロラソースを作り、**1**に添える。

**Arrange**
ゆでたかぼちゃ、じゃがいもを入れるとボリュームがアップします。好みのドレッシングをかけて味わって。

**Point**
コーンやチーズなどを加えると、さらに栄養価と彩りがアップ。食べるときはプチトマトは半分に切ってあげましょう。

1歳半〜2歳

## さつまいもの皮のきんぴら

エネルギー 33kcal
塩分 0.1g

**材料（大人2人＋子ども1人分）**
さつまいもの皮（厚めにむく）…80g（細切りにする）
ごま油 … 小さじ1
みりん … 大さじ1
塩 … 少々

**作り方**
1 フライパンにごま油を熱し、さつまいもの皮を炒める。
2 しんなりしたら、みりんを回し入れてアルコール分をとばし、なじんだら塩をふって味を調える。

**Arrange**
ときには、砂糖としょうゆを1：1にして、甘辛い味つけにしても。

**Point**
皮ごと食べることで、食物繊維も無駄なく摂取できます。

3〜5歳

## キャロットラペ

エネルギー 50kcal
塩分 0.3g

**材料（大人2人＋子ども1人分）**
にんじん …1本（せん切り）
砂糖 … 小さじ1
A 酢・オリーブ油 … 各大さじ1
A 塩 … 小さじ1/4
レーズン … 大さじ1（水でもどして刻む）
スライスアーモンド … 大さじ1（から炒りする）

**作り方**
1 にんじんに砂糖をふってしんなりさせ、水けをしぼる。
2 1をレーズン、スライスアーモンドとともにAであえる。

**Arrange**
オレンジの果肉を加えると、さわやかな風味になります。

**Point**
レーズンやアーモンドを加えることで、いろいろな食感が楽しめます。

1歳半～2歳

## キャベツとしらす干しの煮びたし

エネルギー 6kcal
塩分 0.1g

**材料（大人2人＋子ども1人分）**

キャベツ…120g
しらす干し…5g　水…3/5カップ
A
- 酒…小さじ1
- みりん…小さじ1/2
- 塩…少々

**作り方**

1 キャベツはゆでて1cm幅に切り、しらす干しは湯通しする。

2 鍋に水、しらす干しを入れて煮立て、**A**と**1**のキャベツを加え、なじませるように煮る。大人用にはしょうゆ適量（分量外）を加え、味を加減する。

**Arrange**
キャベツだけでなく、葉もの野菜ならなんでも合います。

**Point**
しらす干しのうまみを感じる一品です。

1歳半～2歳

## アスパラのマヨ焼き

エネルギー 24kcal
塩分 0.2g

**材料（大人2人＋子ども1人分）**

グリーンアスパラ…5本（ゆでて食べやすい長さに切る）
マヨネーズ…大さじ1強
しょうゆ…小さじ1

**作り方**

1 ボウルにアスパラとマヨネーズを入れて混ぜる。

2 温めたフライパンに**1**を入れて香ばしく炒め、しょうゆを回し入れて味を調える。

**Arrange**
ブロッコリーやズッキーニ、しいたけで作るのもおすすめです。

**Point**
野菜の苦みやえぐみをマヨネーズの油がコーティングし、マイルドな味わいになります。

## たたきれんこんの炒めもの

3～5歳

エネルギー **47kcal**
塩分 **0.4g**

**材料（大人2人＋子ども1人分）**

れんこん … 小1節（皮をむき、ポリ袋に入れてめん棒などで食べやすい大きさにたたく）

A
- しょうゆ・みりん … 各小さじ2
- 砂糖 … 小さじ1

ごま油 … 小さじ2

白炒りごま … 少々

**作り方**

1. フライパンにごま油を熱し、れんこんを炒める。
2. れんこんの表面が透きとおってきたら**A**を回し入れ、火を強めて味をからめる。しあげにごまをふる。

**Arrange**

ベーコンを加えると味にボリュームが出ます。

**Point**

れんこんは、早食いの子どもにあえて与えたい野菜。かむ回数が増え、食べる量をセーブできます。

## にんじんそぼろ

1歳半～2歳

エネルギー **45kcal**
塩分 **0.4g**

**材料（大人2人＋子ども1人分）**

鶏ひき肉 … 75g

にんじん … 1/2本（すりおろし）

みそ … 大さじ3/4

みりん・酒 … 各大さじ1/2

サラダ油 … 大さじ1/4

**作り方**

1. フライパンにサラダ油を熱し、にんじんを加えて汁けをとばす。
2. ひき肉を加えてポロポロになるまで炒める。
3. みそをみりんと酒でのばしたものを加え、汁けがなくなるまで炒りつける。

**Arrange**

みそを、しょうゆ大さじ**1**にかえても。卵焼きの具やご飯のお供に利用できます。

**Point**

保存用袋に入れ、平らにして冷凍しておくと、必要な分を折って、手軽に使うことができます。

冷製パスタや
そうめんに
ぴったり!
うどんなどの
麺類はもちろん、
冷ややっこに
かけても

## 刻んだトマトの万能だれ

1歳半～2歳

エネルギー 11kcal
塩分 0.4g

**材料（大人4人+子ども2人分）**

トマト…2個（湯むきしてタネをとってみじん切り）
めんつゆ（2倍濃縮）…1/4カップ
水…3/4カップ
オリーブ油…少々

**作り方**

1 めんつゆを水で希釈し、トマトを加えて混ぜる。しあげにオリーブ油をたらす。

**Arrange**

オリーブ油をごま油にかえると中華風の味つけに。

**Point**

どちらもいろいろなシーンで使える万能だれ。さっぱりといただけるので、夏の暑さで食欲がわかないときにも、食がすすみます。

## オクラとひきわり納豆だれ

1歳半～2歳

エネルギー 25kcal
塩分 0.4g

**材料（大人4人+子ども2人分）**

オクラ…5本（ゆでて細かく刻む）
ひきわり納豆…2パック
めんつゆ（2倍濃縮）…1/4カップ
水…1/4カップ

**作り方**

1 めんつゆを水で希釈し、オクラ、納豆を加えて混ぜる。

# 朝ごはんを大切にしよう

**一日の活力の源は、朝ごはんです。しっかり食べて、排泄することを習慣にしましょう。**

## どうして朝ごはんは大事なの？

朝ごはんが大事な理由として、脳のエネルギー源であるブドウ糖の摂取が必要なことについてはP12でお話ししましたが、他にも大事な役割があります。

ひとつは、夜の就寝時に下がってしまった体温を上げることです。人のからだは、眠っているあいだ、からだを休ませるために体温を下げます。その下がってしまった体温を再び上げるのが朝ごはんの役目です。体温が上がることで、おやすみモードだったからだにエンジンがかかり、その日一日を元気にスタートすることができます。

次にあげられるのが、習慣としての重要性です。毎日決まった時刻に朝ごはんを食べることで、「朝ごはんを食べる＝一日の始まり」とからだが認識し、脳が活性化します。それと同時に、食事をとることで腸が刺激され、排泄を促す効果もあります。子どものうちに朝ごはんをしたら排泄、という流れを身につけておくと、体内時計にそった生活となり、力も出て元気な毎日を送れます。

朝は忙しくて時間に余裕がない家庭は、左の表を参考に、手軽に作れるような工夫をしてみましょう。

## 朝ごはんを食べない子どもどうすればよい？

「朝ごはんの大切さはわかっているけれど、作っても子どもが食べてくれない」という声も聞こえてくるようです。おとなもそうであるように、子どもも起き抜けにはなかなか食べられません。そのような場合は、少しだけ早く起きて、朝食前に軽い運動をする、外の空気を吸う、太陽の光を浴びるなど、からだを「食べる」モードにする時間を設けてみましょう。そのためにも、早寝・早起きといった規則正しい生活リズムを守ることが大切です。

食がすすまない子どもには、まずは好きなもの、食べやすいものから順番に出すのも方法のひとつです。その際は、あまり栄養バランスにこだわりすぎず、主食＋αくらいのメニューから習慣づけてみましょう。慣れてきたら、だんだんからだが空腹感を覚えはじめ、自然と朝ごはんを欲するようになります。

### 朝食を早く、楽に準備する方法

**下ごしらえをしておこう**

夕食のしたくをするときに、次の日の朝食の準備も一緒にすませましょう。あらかじめ切ったり、ゆでたりしておくだけで、翌朝ゆったり過ごせます。

**調理が不要なものを用意**

そのまま食べられるパンやチーズ、ヨーグルト、バナナなどのくだものを用意しておくと手軽です。前日の残りなどを組み合わせるだけで朝食ができ上がります。

**パターンをいくつか決めておく**

1週間のうちにパン食を3日、ご飯食を4日など、パターンを決めると楽になります。毎日一品だけ新しいメニューにすると、目新しくなります。

# ぐあいが悪いときは どんな食事にすればいい？

**小さな子どもが、体調が悪く食欲がないときは、本当に心配ですね。そんなときにはどんな食事がよいでしょうか。**

## 無理して食べさせず 消化と吸収のよい食事に

体調が悪いときは、医療機関を受診したうえで、食事にひと工夫したいもの。カゼにはしょうがやねぎがよいとされていますが、そのまま小さな子どもに与えるわけにはいきません。ねぎは細かく刻んだもの、しょうがはしぼり汁やすりおろしたものなら、少量であれば食べられるので、上手にとり入れてみましょう。

カゼのひきかけには、からだが温まるメニューを。「豆腐のしょうが風味がゆ」（P79）などがおすすめです。せきや鼻水が出たり、のどに炎症があったりする場合は、「白身魚のだんごスープ」（P86）など口当たりがよく、いつもよりやわらかめの食事にします。熱が高くなると食欲も落ちてくるので、無理に食べさせず、水や牛乳、野菜スープ、みそ汁などで水分補給を心がけます。下痢や嘔吐の際は、左の表を参考にしてみてください。回復期には、おかゆや雑炊、煮込みうどんなどの炭水化物、脂の少ない肉や魚、豆腐などのタンパク質、繊維質の少ない野菜をやわらかく煮たものなどを少量ずつ組み合わせた「かぶとささみのスープ煮」（P87）などのメニューで少しずつ元の食事に戻します。症状によって、メニューを変えましょう。

## 【症状別】対処方法

### 1 発熱したとき

熱の症状だけなら、食欲に合わせて通常の幼児食を与えてもかまいませんが、胃腸が弱っていることがあるので、油脂分が少なく、栄養価の高い食事にしましょう。また、なるべくやわらかい食事にしておくと安心です。高熱のときは、水分が失われやすいので、こまめに水分を与えましょう。食欲がなければ無理に食べさせる必要はありません。

### 2 下痢をしたとき

水分をしっかりとりましょう。ただし、牛乳、みかんやグレープフルーツなどの柑橘類は避けます。おかゆやパンがゆ、スープやすまし汁、うすめたみそ汁など離乳食に近い、消化のよい食事を与えましょう。油脂分の多い食べ物、食物繊維の多い野菜など、消化の悪いものは避けること。症状が回復してきたら、少しずつ通常の食事に戻します。

### 3 便秘がちなとき

食物繊維が多い食品をとりましょう。りんごやバナナ、海藻類などは水溶性の食物繊維が多く、便をやわらかくし、善玉菌をふやして腸内環境を整えます。ほうれんそうやさつまいもなどに多い不溶性の食物繊維は、便の量をふやし、便通をよくします。水分不足の場合もあるので、適度な水分補給も心がけましょう。

### 4 嘔吐をしたとき

嘔吐が続くときは、食べても吐いてしまうので、ようすを見て少しずつ経口補水液などを与えます。吐き気がおさまってきたら、スープの上澄み液などを与えましょう。スープには水溶性のビタミンやタンパク質が溶け出ているので、栄養補給になります。脂肪分の多いもの、酸味のある食品や飲み物は避けましょう。

子どもの「食」Q＆A

# 好き嫌い ②

Q

## 食べ物の好き嫌いが多く、とくに野菜を食べてくれません。よい方法はありますか？

Answer

子どもの野菜嫌いのおもな原因は、野菜の「苦味」や「青臭さ」です。動物の本能で、「苦味＝毒」、「臭み＝腐敗」と感じるため、食の経験が少ない子どもにとっては受け入れにくいのです。そこで、野菜の苦味や臭みを減らすのが、苦手克服のポイントになります。

たとえば、ピーマンは細切りにしてゆでることで、苦味や青臭さがなくなります。さらに炒めたり、うま味のある食材と組み合わせたりすることで、苦味を感じにくくすることができます。また、ごぼうのように独特の風味がある野菜が苦手な場合、ささがきにするなどして細かく繊維を断ち切ると、火がよくとおってやわらかくなり、肉や調味料のうま味がなじんで食べやすくなります。

苦手意識がなくなると、他の野菜にも挑戦できるようになりますよ。

野菜の栄養をなんとかしてとらせたいのであれば、すりおろして料理に混ぜ込む方法でよいでしょう。しかし、苦手な野菜だと分かったうえで食べられるようにするためには、栄養が多少失われても、火をよくとおすなどして食べやすく調理することを心がけましょう。

また、子どもが苦手な野菜でも、親が笑顔で食べたり、「おいしいね！」と言ったりしているのを聞けば、「食べてみようかな」と興味を持つことにもつながります。

ただし、おとなになっても食べられないものは、誰にでもいくつかあるものです。また、成長するにしたがい、調理の工夫や食事の経験で好き嫌いはなくなっていきます。ですから、食べられないことがあってもおおらかに対応し、食べられたときには、たくさんほめてあげましょう。

Chapter 3

# 麺・ご飯・パンのレシピ

からだを動かすエネルギー源である炭水化物は、成長期の子どもには必要不可欠です。
理想的な食事は一汁三菜ですが、具材に野菜やタンパク質を使ったどんぶりものなどは、
一品でも、しっかり栄養バランスのとれた食事になります。

3～5歳

# レバー入りドライカレー

エネルギー **236kcal**
塩分 **0.6g**

**材料（大人2人＋子ども1人分）**

合いびき肉…80g
焼き鶏のレバー串（たれ）…3本（細かく刻む）
ピーマン…1個（みじん切り）
にんじん…1/3本（みじん切り）
玉ねぎ…1/2個（みじん切り）
にんにく…1かけ（みじん切り）
カレー粉…小さじ1
ケチャップ・ウスターソース…各大さじ1
水…1/2カップ
サラダ油…大さじ1
ご飯…400g

**作り方**

1 フライパンにサラダ油とにんにくを入れて熱し、香りが立ってきたら野菜を加えて炒める。

2 しんなりしてきたらひき肉を加えてポロポロになるまで炒め、レバーを加え、カレー粉をふってなじませる。

3 水、ケチャップ、ウスターソースを加えて水分がなくなるまで炒め、器に盛ったご飯にのせる。

**Arrange**
セロリなど子どもが苦手な野菜は、細かく刻むと気づかれにくいです。

**Point**
カレー味でレバーの臭みをカバー。鉄の補給にもおすすめです。

1歳半～2歳

# キャロットパンケーキ

エネルギー 216kcal
塩分 0.6g

**材料（大人2人+子ども1人分）**

にんじん…1/2本（すりおろし）
ホットケーキミックス…200g
卵…1個
プレーンヨーグルト…大さじ6（生地のやわらかさを見て調整）
サラダ油…小さじ2
いんげん…10本（塩ゆでして食べやすい長さに切る）
塩・こしょう…各少々
キウイ…2個（食べやすい大きさに切る）

**作り方**

1 ボウルににんじんのすりおろし、ホットケーキミックス、卵、ヨーグルトを入れてよく混ぜる。
2 フライパンにサラダ油を熱し、**1**を弱火で数回に分けて焼く。
3 **2**をとり出したら、同じフライパンでいんげんをソテーし、塩、こしょうをする。
4 器にキャロットパンケーキ、いんげんのソテー、キウイを盛りつける。

**Arrange**

かぼちゃやほうれんそうをゆでて細かくし、パンケーキに加えても。野菜嫌いの子どもにおすすめ。

**Point**

多めに焼いて冷凍しておけば、忙しい朝は解凍するだけで手間いらず。幼児食前期の子どもには、小さく切ってあげます。

3～5歳

# バラエティサンドイッチ

エネルギー 270kcal
塩分 1.6g

**材料（子ども4人分）**

12枚切り食パン…1斤
バター…適量
〈ハム＆チーズ〉
ハム…2枚
スライスチーズ…2枚
〈のり＆チーズ〉
焼きのり…全型1/2枚（半分に切る）
スライスチーズ…2枚
〈ツナ＆きゅうり〉
ツナ水煮…1/2缶
マヨネーズ…大さじ1/2
きゅうり…1/4本（1.5㎝長さのせん切りにし、塩もみする）
〈ジャムサンド〉
いちごジャム…大さじ1

**作り方**

1 ハム＆チーズ、のり＆チーズ用のパン（8枚）は、片面分の4枚にバターを塗ってそれぞれの具をはさみ、2枚1組にして2組作る。ハム＆チーズは食べやすい大きさに切り、のり＆チーズは型抜きをする。ツナ＆きゅうりは、汁けを切ったツナと他の材料を混ぜ合わせておく。

2 ツナ＆きゅうり、ジャムサンド用のパン（4枚）の片面にバターを塗り、それぞれの具をのせて端からくるくると巻く。お好みでひと口サイズにカットする。

**Arrange**

ジャムは好みのもので。

**Point**

子どもたちがたくさん集まるときに作ると盛り上がります。甘い味としょっぱい味を用意すると、飽きずに食べ進められます。

1歳半〜2歳

# バラエティミニおにぎり

エネルギー 130kcal
塩分 0.2g

材料（大人2人＋子ども1人分）
ご飯…約330g
具材…下記レシピ参照

**作り方**

1 6種類の具を作り、それぞれの具を1個あたり小さじ1/2分、ご飯に混ぜ込んで、食べやすい大きさに握る。おにぎり1個あたり30g程度のご飯を目安に、1食で子ども2〜3個、大人4〜5個が目安。

## 〈ツナそぼろ〉

材料（作りやすい分量）
玉ねぎ…1個（みじん切り）
ツナ水煮…1缶
しょうゆ・みりん…各大さじ1
サラダ油…小さじ2

**作り方**

1 フライパンにサラダ油を熱し、玉ねぎを炒め、しんなりしてきたら汁けを切ったツナを加えてよく炒める。
2 しょうゆとみりんを加えて、汁けがなくなるまで炒める。

## 〈卵そぼろ〉

材料（作りやすい分量）
卵…2個
塩・こしょう…各少々
サラダ油…小さじ1

**作り方**

1 フライパンにサラダ油を熱し、塩、こしょうをした卵を加え、菜箸でポロポロになるようにかき混ぜる。

## 〈鮭フレーク〉

材料（作りやすい分量）
甘塩鮭…1切れ
酒…少々

**作り方**

1 鮭に酒をふってグリルで焼き、ほぐす。

## 〈おかか〉

材料（作りやすい分量）
削り節…1パック（5g）
しょうゆ…小さじ1/4

**作り方**

1 削り節としょうゆを混ぜる。

## 〈じゃこ＆ごま〉

材料（作りやすい分量）
ちりめんじゃこ…大さじ2
白炒りごま…小さじ1

**作り方**

1 ちりめんじゃことごまを混ぜる。

## 〈菜めし〉

材料（作りやすい分量）
小松菜…1株（ゆでたあと、みじん切り）
塩昆布…少々

**作り方**

1 小松菜と塩昆布を混ぜる。

※エネルギーと塩分は6個分の数値です。

3～5歳

# シンガポール風チキンライス

エネルギー 214kcal
塩分 2.7g

**材料（大人4人＋子ども2人分）**

鶏もも肉 … 大2枚
塩 … 大さじ1/2
水 …3と1/4カップ
酒 …1/4カップ
ねぎの青い部分 …1本分
しょうが …1/2かけ（薄切り）
にんにく …1かけ（つぶす）
香菜 … 適量（粗く刻む）

〈チキンスープご飯〉
米 …2カップ（洗う）
ゆで鶏のスープ …2と1/4カップ

〈たれ4種〉
●しょうがじょうゆだれ
おろししょうが …1/2かけ分
しょうゆ … 大さじ1
ゆで鶏のスープ … 大さじ1と1/2
●レモンだれ
レモン汁 …1/2個分
●ピリ辛だれ
豆板醤 … 小さじ1/3
ゆで鶏のスープ … 大さじ1と1/2
●ケチャップ … 適量

**作り方**

1 鶏肉に塩をすり込み15分ほどおく。
2 鍋に水、酒を入れて煮立て、ねぎの青い部分、しょうが、にんにく、**1**の鶏肉を入れて強火にかける。
3 煮立ったらアクを除き、ふたをずらして弱火で約15分ゆでる。火を止め、そのままおいてあら熱をとり、たれの材料をそれぞれ混ぜ合わせる。
4 炊飯器に米、スープを入れて炊く。
5 器に**4**を盛り、**3**のゆで鶏を食べやすく切って盛り合わせる。大人用にはたれ、香菜を添える。子ども用にはケチャップを使って。

**Arrange**

ゆで鶏に片栗粉適量をまぶして揚げると、フライドチキンに。たれは同じものを使ってください。

**Point**

ゆで鶏はさっぱりしているので食欲がわかない夏なども食べやすく、しっかりとタンパク質がとれます。ゆで汁もゆで鶏も冷凍保存ができます。

1歳半〜2歳

## オレンジご飯

エネルギー 126kcal
塩分 0.3g

**材料（大人4人＋子ども2人分）**
米…2合（洗ってざるに上げる）
玉ねぎ…1/4個（みじん切り）
ベーコン…4枚（細切り）
オレンジジュース（果汁100%）…1カップ
水…1カップ
顆粒コンソメスープの素…小さじ1
パセリ…少々（みじん切り）

**作り方**

1 フライパンにベーコンを入れて炒め、脂が出てきたら玉ねぎを加えて透きとおるまで炒め、米を加え、さらに炒める。

2 米が透きとおったら炊飯器に移して、オレンジジュース、水、スープの素を加えさっと混ぜ、炊く。しあげにパセリをふる。

**Arrange**
ベーコンは、ハムや鶏肉を細かく切ったものにかえてもおいしくできます。

**Point**
オレンジの風味が香る、さっぱりとさわやかな味わいです。

3〜5歳

## ハワイアン混ぜご飯

エネルギー 198kcal
塩分 0.5g

**材料（大人2人＋子ども1人分）**
ご飯…350g
焼き豚…50g（7〜8mm角に切る）
パイナップル…3枚（細かく刻む）
ケチャップ…大さじ2〜3
バター…大さじ2

**作り方**

1 耐熱ボウルに、ご飯以外の材料をすべて入れてさっと混ぜ、ラップをかけて電子レンジで約2分加熱する。

2 1に温かいご飯を加え、まんべんなく混ぜる。

3 子ども用には約100g分を型に詰めて抜く。

**Arrange**
焼き豚をハムやツナにかえても。刻んだピーマンやミックスベジタブルなどを加えれば、彩りや栄養価もアップ！

**Point**
豚とパイナップルは酢豚にも使われるように相性がぴったり。電子レンジでできる簡単なレシピです。

## 枝豆ご飯

1歳半～2歳

エネルギー 126kcal
塩分 0.4g

**材料（大人4人＋子ども2人分）**

A
- 米…2合（洗ってざるに上げる）
- 水…2カップ
- 塩…小さじ1/2、みりん…大さじ2

枝豆（さやつき）…200g（塩ゆでして、さやから出しておく）

**作り方**

1 炊飯器に **A** を入れ、さっと混ぜ、炊く。
2 **1** に枝豆を加えて、さっくり混ぜる。

**Arrange**
グリンピースやそら豆にかえても。

**Point**
枝豆は疲労回復に効果的なビタミン$B_1$が豊富で、よく遊ぶ幼児期によい食材です。

## カラフルちらし

1歳半～2歳

エネルギー 233kcal
塩分 0.5g

**材料（大人4人＋子ども2人分）**

にんじん…1本（すりおろし）
鶏ひき肉…150g
みそ…大さじ1と1/2
みりん・酒…各大さじ1
サラダ油…大さじ1/2
絹さや…50g（ゆでて斜め細切り）
卵…2個（割りほぐす）
みりん…小さじ1
塩…小さじ1/6
ごま油…小さじ1
ご飯…900g
刻みのり…適量
すし酢…大さじ4

**作り方**

1 にんじん鶏そぼろを作る。フライパンにサラダ油を熱し、にんじんを入れて汁けをとばすように炒める。ひき肉を加え、ポロポロになるまでさらに炒める。
2 **1** に、みそをみりんと酒でのばしたものを加えて汁けがなくなるまで炒りつける。
3 絹さや入り炒り卵を作る。卵にみりん、塩を加え混ぜる。フライパンにごま油を熱し、絹さやをさっと炒めて卵を加え、ふわっと炒める。
4 ご飯にすし酢を混ぜ、**2** と **3**、のりをのせる。

**Arrange**
豚ひき肉でそぼろを作ってもOK。

1歳半〜2歳

# にんじんの炊き込みご飯

エネルギー 134kcal
塩分 0.3g

**材料（大人4人＋子ども2人分）**

米…2合（洗ってざるに上げる）
にんじん…1本（1cmの長さで太めのせん切り）
鶏ひき肉…100g
しょうゆ・みりん…各大さじ1
酒…大さじ1

**作り方**

1 ひき肉にしょうゆ、みりんをなじませる。
2 炊飯器に米を入れて、2合炊くのに必要な水（分量外）を加えたら、水分調整のため、大さじ3の水をとり出し、酒を加えてさっと混ぜ、**1**とにんじんをのせて炊く。

**Arrange**
鶏ひき肉は、豚ひき肉や刻んだ油揚げなどにかえてもOK。

**Point**
肉のうま味が野菜の味を引き立てます。にんじんは加熱することでより甘く食べやすくなります。

1歳半〜2歳

# さつまいもご飯

エネルギー 133kcal
塩分 0.4g

**材料（大人4人＋子ども2人分）**

米…2合（洗ってざるに上げる）
さつまいも…250g（皮を厚めにむいて1cm角のさいの目切り）
うす口しょうゆ…大さじ1と1/2
みりん…大さじ1
水…2カップ
黒炒りごま（大人用）…少々

**作り方**

1 炊飯器に米、うす口しょうゆ、みりん、水を入れてさっと混ぜ、さつまいもをのせて炊く。
2 全体を混ぜて茶わんに盛り、大人用にはごまをふる。

**Arrange**
1/2合分をもち米にして、おこわ風にしても。

**Point**
さつまいもは食物繊維やビタミンCが豊富。便秘予防にいい食材です。厚めにむいた皮で、「さつまいもの皮のきんぴら」（P56）も作れます。

3～5歳

# あじのトマトソースパスタ

エネルギー 341kcal
塩分 1.3g

**材料(大人2人＋子ども1人分)**

あじ2尾…(刻んでたたく)
にんにく…少々
玉ねぎ…1/2個
オリーブ油…小さじ2
トマト水煮(ホール)…1缶
水…1/2カップ
ケチャップ…大さじ2
塩・こしょう…各少々
ショートパスタ…120g(表示時間どおりにゆでる)

**作り方**

1 フライパンにオリーブ油を熱し、みじん切りにしたにんにく、玉ねぎをよく炒めたら、あじを炒め合わせる。
2 つぶしたトマト水煮、水、ケチャップを加えて、汁けが少なくなるまで煮る。
3 **2**を塩、こしょうで味を調えて、パスタにからめる。

**Arrange**
いわしでもおいしくいただけます。

**Point**
ショートパスタなので、あえた状態でも冷凍できます。ソースのみなら冷蔵で2日、冷凍で2週間保存可能です。

1歳半〜2歳

## ニョッキのトマトソース

エネルギー 121kcal
塩分 0.1g

**材料（大人2人+子ども1人分）**

じゃがいも…2個
小麦粉…1/2〜3/4カップ
トマト…2個（皮とタネをとってすりつぶす）
塩…少々
オリーブ油…小さじ2
粉チーズ…適量

**作り方**

1 じゃがいもをゆでて、熱いうちにつぶし、小麦粉を加えてよくこねる。
2 **1**をひと口大に丸め、塩（分量外）を加えた湯でゆでて、浮いてきたらざるに上げる。
3 フライパンでトマトを温め、塩で味を調え、オリーブ油を加える。
4 **3**に**2**のニョッキをあえて、粉チーズをふる。

**Arrange**
クリームソースやカレーソースにしてもおすすめです。

**Point**
生のトマトを使用することで、トマト本来の味が感じられるソースになります。

3〜5歳

## 肉だんごのスープパスタ

エネルギー 136kcal
塩分 0.7g

**材料（大人2人+子ども1人分）**

A［豚ひき肉…100g、塩・こしょう…各少々、片栗粉…大さじ1、酒…大さじ1/2］
玉ねぎ…1/4個
にんじん…1/4本
キャベツ…2枚
トマト…1/2個
B［水…2カップ、顆粒コンソメスープの素…小さじ2］
早ゆでマカロニ…70g
オリーブ油…小さじ2
塩・こしょう・粉チーズ・パセリ…各少々

**作り方**

1 ボウルに**A**を入れてよく混ぜる。
2 鍋にオリーブ油を熱し、玉ねぎ（約7mmの角切り）、にんじん（約7mmの角切り）とキャベツ（約7mm四方の薄切り）を入れて炒める。
3 全体に油が回ったら、トマト（約7mmの角切り）、**B**を加えて煮立たせ、**1**を丸めながら加える。
4 **3**にマカロニを加えてひと煮し、塩、こしょうで味を調え、しあげに粉チーズ、パセリをふる。

**Arrange**
肉は鶏ひき肉にかえても。野菜は余り野菜でもOK。

**Point**
ひと皿で主食、主菜、副菜がとれる万能お助けメニュー。

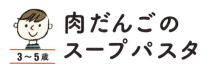

3〜5歳

# ミートソースのラザニア

エネルギー 172kcal
塩分 0.9g

LASAGNA
ギョウザの皮で
手軽に作れる!

**材料(大人4人+子ども2人分)**

ミートソース…2カップ(市販品、大1缶415g)
ホワイトソース…1カップ(市販品)
じゃがいも…2個(1個ずつラップにくるんでレンジで4分半加熱し、皮をむいて輪切り)
ピザ用チーズ…60〜80g
ギョウザの皮…1袋(24枚)
粉チーズ…適量

**作り方**

1 耐熱容器にミートソースの1/3量を広げ、1/2量のじゃがいもを並べ、1/3量のホワイトソースとピザ用チーズを散らし、ギョウザの皮を12枚かぶせる(重なってもよい)。同様にもう1回繰り返し、最後(3回目)にミートソース、ホワイトソース、ピザ用チーズの順に重ね、粉チーズをふる。

2 220度に予熱したオーブン、またはオーブントースターで約10〜15分、チーズが溶けて軽くこげ目がつくまで焼く。

Arrange

知っておくと便利!

## レンジで作るホワイトソース

**材料(作りやすい分量)**

小麦粉…大さじ3
牛乳…1カップ
顆粒コンソメスープの素…小さじ2/3
塩…少々
こしょう…少々
バター…大さじ2

**作り方**

1 小さめの耐熱ボウルに小麦粉を入れ、牛乳を少しずつ加えて溶きのばし、残りの材料を加え混ぜる。

2 ラップをして電子レンジで2分加熱する。一度とり出して底からよく混ぜ、再びラップをして2〜3分加熱する。とろみがつくまで混ぜる。

3〜5歳

# ツナとコーンのサラダスパゲッティ

エネルギー 258kcal
塩分 0.5g

**材料（大人2人＋子ども1人分）**

ツナオイル漬け…小1缶
ホールコーン…80g
マヨネーズ…大さじ3
細めのスパゲッティ…200g
ピーマン…2個
塩…適量

**作り方**

1 汁けをよく切ったツナ、コーンをマヨネーズであえる。
2 鍋に湯をたっぷり沸かし、塩を加えてスパゲッティを入れる。ゆで上がる30秒前に細切りにしたピーマンを入れて一緒にゆで、ざるに上げ水で冷やして、水けをよく切る。
3 **1**に**2**を加えて混ぜる。

**Arrange**
ツナをハムにかえてもおいしいです。

**Point**
スパゲッティを短く折ってからゆでれば、幼児食前期の子どもも食べることができます。

3〜5歳

# トマトペンネ

エネルギー 122kcal
塩分 0.4g

**材料（大人2人＋子ども1人分）**

ペンネ…120g
〈トマトソース（2食分）〉
トマト水煮（ホール）…1缶
にんにく…小1かけ（みじん切り）
オリーブ油…大さじ2
塩…小さじ1/2
水…1/2カップ
バジル…1枚（あれば）
粉チーズ・パセリ…各適量

**作り方**

1 鍋ににんにく、オリーブ油を入れ、弱火でにんにくが色づくまで炒める。
2 **1**にトマト水煮を汁ごと加え、トマトをつぶし、水、塩、手でちぎったバジルを加え、再び煮立ったら、ふたをせず弱火で10分ほど煮る。
3 ペンネを袋の表示どおりにゆでて、**2**の半量をからめる。好みで粉チーズとパセリのみじん切りをふる。

**Arrange**
好みのパスタで作ってもよいでしょう。

**Point**
幼児食前期は、ペンネを小さなマカロニにかえるとよいでしょう。ソースは「トマトフォンデュ鍋」(P92)に使えます。

## 夏野菜そうめん

3～5歳

エネルギー 261kcal
塩分 3.0g

**材料（大人2人＋子ども1人分）**

そうめん…4束
なす…1本
ハム…2枚（せん切りにし、子ども用はそのうち1/4枚分）
きゅうり…1/2本（せん切りにして塩（分量外）でもみ、子ども用はそのうち1/5量）
トマト…1/2個（粗く刻み、子ども用はそのうち小さじ1強）
ごま油・塩…各適量

〈基本のたれ〉
みりん…大さじ4と1/2
A［昆布…10g、干ししいたけ…2枚（水適量でもどしておく）、水…2と1/2カップ］
B［うす口しょうゆ…大さじ4、削り節…15g］

〈ごま酢だれ〉
基本のたれ…3/4カップ
白練りごま…大さじ2
酢…大さじ1

**作り方**

1 なすをラップでくるみ電子レンジで1分半加熱し、細かくさく。適量のごま油と塩であえ、そのうち大さじ1/2ほどの量をとりわけ、子ども用にする。
2 そうめん（食べやすく折ってもOK）をゆでて冷水にとり、水けをよく切る。
3 **2**になす、ハム、きゅうり、トマトを盛りつける。
4 基本のたれを作る。鍋でみりんを煮立て、アルコール分をとばす。**A**を加えて弱火にし、煮立ったら昆布をとり出し、**B**を加えて5分ほど煮てこす。ごま酢だれは、基本のたれの半量に練りごまと酢を混ぜて作る。

## そうめんチャンプルー

3～5歳

エネルギー 238kcal
塩分 0.7g

**材料（大人2人＋子ども1人分）**

そうめん…4束（ゆでて水にとって水けを切る）
サラダ油…小さじ2
卵…2個
ツナ水煮…2缶
にんじん…2cm（せん切り）
チンゲン菜…1束（軸は細切り、葉はざく切り）
ごま油…大さじ1
めんつゆ（2倍濃縮）…大さじ1～2
塩…少々

**作り方**

1 そうめんにサラダ油をまぶしておく。
2 フライパンに半量のごま油を熱して割りほぐした卵を加え、半熟状に炒めてとり出す。
3 残りのごま油を熱して、にんじんをしんなりするくらいに炒めたら、チンゲン菜、汁けを切ったツナ、**1**のそうめんを加えて混ぜ、**2**の卵を戻し入れて炒めあわせる。
4 めんつゆと塩で味を調える。

3～5歳

## カレーうどん

エネルギー 304kcal
塩分 1.7g

**材料（大人2人＋子ども1人分）**

カレーの残り…2人分
だし汁…2カップ
めんつゆ…大さじ2
片栗粉…小さじ1（水大さじ1で溶いておく）
うどん…2と1/2玉（湯どおしする）
卵…3個

**作り方**

1 鍋にカレーの残り、だし汁を入れて煮立てたら、めんつゆで味を調え、水で溶いた片栗粉でとろみをつける。
2 耐熱容器に卵を割り入れ、水（分量外）をかぶる程度入れ、黄身につまようじを刺して穴を開け、500Wの電子レンジで1分加熱し温泉卵にする。
3 器にうどんを入れて**1**をかけ、温泉卵を添える。またはのせる。

**Arrange**
カレーの残りに具材がなければ、足してもOK。

**Point**
温泉卵は市販品を使うとより手軽に作れます。

1歳半～2歳

## 肉みそうどん

エネルギー 223kcal
塩分 0.7g

**材料（大人2人＋子ども1人分）**

うどん…2と1/2玉
豚ひき肉…200g
長ねぎ…1/4本（みじん切り）
にんにく…少々（みじん切り）
ごま油…小さじ1
みそ…小さじ1
しょうゆ…小さじ1/2
砂糖…小さじ1/2
きゅうり…1/2本（せん切り）

**作り方**

1 うどんをゆでて冷水にとり、水けをよく切る。きゅうりは塩少々（分量外）でもんだあと、水けをしぼる。
2 肉みそを作る。フライパンにごま油を入れて弱火にかけ、ねぎ、にんにくを加えて炒める。香りが立ったらひき肉を加え、パラパラになるまで炒める。
3 **2**にみそ、しょうゆ、砂糖を加えて炒りつける。
4 器にうどんを盛り、肉みそときゅうりをのせる。

**Arrange**
肉みそは、ご飯のおかずとしても合います。

**Point**
幼児食前期は、うどんを短く切ると食べやすくなります。

3～5歳

# 栄養満点お好み焼き

エネルギー 261kcal
塩分 0.8g

**材料（大人2人＋子ども1人分）**

〈基本の生地〉
小麦粉…150g
だし汁…1カップ
卵…1個
キャベツ…大きめの葉2枚（せん切り）
桜えび…大さじ3
長いも…5cm（すりおろす）
スキムミルク…大さじ3~4

〈ツナ＆コーン〉
ツナ水煮…1缶（汁けを切っておく）
ホールコーン…大さじ2～3

〈豚肉＆カレー粉＆えのき〉
豚もも薄切り肉…100g（細切りにして、サラダ油少々[分量外]を熱したフライパンで炒める）
カレー粉…小さじ1/2
えのき…1/2袋（刻む）

サラダ油…適量
お好み焼きソース・削り節・青のり…各少々

**作り方**

1. ボウルで生地の材料を合わせ、混ぜる。
2. 生地を2つに分け、「ツナ＆コーン」「豚肉＆カレー粉＆えのき」のそれぞれの具を加えて混ぜる。
3. フライパンにサラダ油を熱し、**2**を流し入れて焼く。
4. お好みでお好み焼きソース、削り節、青のりをかける。

**Arrange**

だし汁は1/4をくだものが入っていない野菜ジュースにかえてもOK。大人用には紅しょうがを加えてもよいでしょう。

**Point**

基本の生地にスキムミルクを入れることで、カルシウムがとれます。

1歳半～2歳

# ほうとう 具だくさんすいとん

エネルギー 139kcal
塩分 0.9g

**材料（大人2人＋子ども1人分）**

豚こま切れ肉…100g
大根…1cm（いちょう切り）
にんじん…2cm（いちょう切り）
かぼちゃ…1/8個（ひと口大の薄切り）
油揚げ…1/2枚（短冊切り）
長ねぎ…1/3本（斜め切り）
だし汁…2カップ
みそ…大さじ1
〈だんご〉
A 小麦粉…1/4カップ
A 塩…少々
A 水…大さじ2

**作り方**

1 鍋にだし汁と大根、にんじん、かぼちゃ、油揚げ、ねぎを入れて火にかけ、煮立ったら豚肉を加えて、ときどきアクをとりながら、野菜がやわらかくなるまで煮る。

2 だんごを作る。ボウルに **A** を入れて耳たぶ程度のかたさに練る。スプーンですくって **1** に加え、火がとおったら（浮き上がってきたら）、みそを加えて溶かす。

**Arrange**
だんごをうどんにかえても。

**Point**
大人用には、刻んだねぎや七味唐辛子をふるとよいでしょう。

1歳半～2歳

# 豆腐のしょうが風味がゆ

エネルギー 88kcal
塩分 0.3g

**材料（大人2人＋子ども1人分）**

絹ごし豆腐…1丁（さいの目切り）
にんじん…大さじ2（すりおろし）
おろししょうが…少々
ご飯…150g
だし汁…2と1/2カップ
しょうゆ…少々

**作り方**

1 ご飯、だし汁を鍋に入れて、火にかける。

2 温まったら豆腐、にんじん、しょうがを加えてひと煮立ちさせる。

3 しょうゆで味を調える。

**Arrange**
しょうゆをみそ少々にするとまた違った味を楽しめます。

**Point**
幼児食前期の子ども用には、しょうがはほんの少しにしましょう。カゼのひきはじめや、食欲がわかないときにぜひ。

3〜5歳

# 鮭とほうれんそうのミルクリゾット

エネルギー 188kcal
塩分 0.8g

**材料（大人2人＋子ども1人分）**

塩鮭…2切れ
ご飯…300〜350g（さっと洗っておく）
ほうれんそう…1/2束（下ゆでして1cmの長さに切る）
酒…少々
だし汁…1カップ
牛乳…1カップ
みそ…小さじ2（牛乳大さじ1で溶いておく）

**作り方**

1 塩鮭に酒をふり、電子レンジで3分加熱する。
2 鍋にだし汁、ご飯を入れ、混ぜてから火にかける。
3 ご飯が水分を吸って、汁けがなくなってきたら、牛乳を加えてさらに少し煮て、しあげに牛乳で溶いたみそを加える。
4 **3**に**1**の鮭とほうれんそうを加える。

**Arrange**
鮭フレークでもOK。

**Point**
見た目がカラフルで食欲をそそります。

1歳半～2歳

## アロス・コン・レチェ

エネルギー 82kcal
塩分 0.0g

スペイン・アンダルシア地方のお米のデザート！

**材料（大人2人＋子ども1人分）**

ご飯…100g（さっと洗っておく）
レーズン…大さじ1
牛乳・水…各1/2カップ
砂糖…大さじ4

**作り方**

1 すべての材料を鍋に入れて煮る。
2 ご飯がやわらかくなり、汁けがなくなってきたらでき上がり。

**Arrange**
パンでもできます。大人用にはシナモンパウダーをかけても。

**Point**
食が細い子におすすめのメニュー。主食にも、おやつにも向いています。

1歳半～2歳

## クスクス＆コーンがゆ

エネルギー 125kcal
塩分 0.7g

クスクスはパスタの仲間

**材料（大人2人＋子ども1人分）**

クスクス粉（硬質小麦を原料とした食材）…100g
A
水…1/2カップ
塩…小さじ1/3
オリーブ油…小さじ2
バター…大さじ1
クリームコーン缶…100g
塩…少々

**作り方**

1 Aを鍋に入れて煮立て、クスクス粉を加えて、まんべんなく混ぜて火を止める。
2 25分ほど蒸らしてからバターを加える。冷めていたら火にかけてバターを溶かす。
3 クリームコーンを加えて温め、塩で味を調える。

**Arrange**
クスクスはスープの具にしても、ポテトサラダに入れてもおいしいです。

**Point**
つぶつぶとしたクスクスが、クリームコーンでまとまって食べやすくなります。

# 食べすぎる子、食べない子

**食べすぎ、食べない、どちらも気になりますね。**
**このような子どもにはどう対処するとよいのでしょうか。**

## 摂取エネルギーが多いと肥満の原因に

肥満とは「からだに脂肪が多くつきすぎている状態」をいいます。また、肥満は「食事で摂取するエネルギーより、活動や運動などで消費するエネルギーが少ない」ことによって起こります（特定の病気による肥満は、この限りではありません）。

子どもの肥満は、2001年前後をピークに全体としては減ってきてはいるものの、文部科学省によると小・中学生の約1割が肥満傾向にあります。幼児期前半の肥満は、成長にともない活発に動くようになると自然と解消されることが多いのですが、幼児期後半・小学生以降はおとなの肥満につながる可能性が高く、注意が必要です。

肥満の見極め方ですが、母子健康手帳にある男女別の「身長体重曲線」を目安にしましょう。身長の伸びに対して体重の増加が多い場合は、運動量が少ないか、食べている量が多いことが考えられます。早食いの子はつい食べすぎてしまうので、かむことを促す、食材を少し大きめに切る、口当たりのよい料理ばかりにしないなど、工夫してみましょう。ご飯やパン、麺などの主食をよく食べる子は、低カロリーな副菜を先に食べさせてみてください。

肥満は多くの病気を引き起こす原因のひとつです。おとなは生活習慣を見直したり、自分の意志で改善したりできますが、子どもの肥満はおとなが原因をつくっていることがほとんど。たとえば、テレビを見ながらの「ながら食べ」をすると「食事に満足する」という感覚が薄くなることもあるので、気をつけましょう。

### 「食べ過ぎ」解決 チェックシート

- ☐ **食べる量を決めて盛りつけてみよう**
  大皿料理を食卓にどんとのせていませんか？ 1人分を1食分盛りつけましょう。
- ☐ **かみごたえのある食材を用意する**
  セロリ、切り干し大根、れんこんなど、かみごたえのあるものをとり入れてみて。
- ☐ **低カロリーのものを先に食べさせる**
  サラダやおひたし、みそ汁、きのこや海藻など低カロリーなものを先に食べさせます。
- ☐ **脂っこいもの甘いものを控えよう**
  炒め物や揚げ物が多くなっていませんか。食事で甘いジュースを出すのもやめましょう。

### こんな料理がおすすめ

**低カロリーの食事**

脂質が少なく、栄養価の高い食事を用意してみましょう。「ポトフ」(P87)。

**かみごたえのある料理**

よくかむと満腹中枢が刺激されます。「たたきれんこんの炒めもの」(P58)。

## もともと小食か おなかがすいていない

からだが小さい、消化力が弱いなど、子どもによって、食べ方にも個人差があります。もちろん、もともと小食、という子もなかにはいます。食べすぎの子と同様、こちらも母子健康手帳の発育曲線を確認し、はずれていなければ大丈夫。元気に過ごしていれば、それほど心配することはありません。あまり神経質にならないようにしましょう。

食べない子は、まずは生活リズムをチェック。「おなかがすいているかどうか」を確認しましょう。ずっと屋内で過ごしていたら、あまりおなかが減っていないかもしれません。または、間食をしていませんか？　全部あてはまらない場合には、からだのぐあいが悪くないかどうかも確かめましょう。

子どもが食べないと親は悩むものですが、あせって食べさせようとすると食事が楽しくなくなり、意欲も低下してしまいます。「たくさん食べてね」などの声かけがプレッシャーとなることも。全部食べ終わるまで待たず、30分を過ぎたら切り上げるなど、無理強いしないようにしましょう。

「食事が楽しい」と思えるように、食卓の雰囲気をよくすることも大切です。たとえば、食器を子どもの好きな色や柄にかえて、気分を盛り上げてみてはどうでしょうか。小食な子には、ちょこちょこと少なめにワンプレートに盛りつけて、「全部食べた」という自信をつけさせるのもひとつの方法です。「おいしいね」と親が楽しく食べていれば、だんだんと食事が楽しみになるでしょう。

### 「小食」解決 チェックシート

- □ **おなかをすかせるために運動をしよう**
  外遊びをしてエネルギーを消費しましょう。たくさん遊ぶとおなかも減るはず。
- □ **食事が楽しくなる工夫をしよう**
  食器や見た目を工夫したり、たまには気分をかえてお弁当を持って外で食べたりしても。
- □ **栄養価の高いものを作ってみよう**
  一度に食べられる量が少ない子には、栄養価の高いメニューを。おやつでも栄養を補って。
- □ **ぐあいが悪くないか確認しよう**
  のどやおなかが痛くて食べられない場合も。ぐあいが悪いときはP61を参考にして。

### こんな料理がおすすめ

**見た目を工夫したもの**

いつものメニューも形を変えると食べてくれることも。「ポテトサラダ ツリー仕立て」（P120）。

**栄養価の高い一品料理を**

「栄養満点お好み焼き」（P78）。他にも、チーズやかぼちゃも栄養価が高いのでおすすめ。

子どもの「食」Q＆A

# 食事のマナー

Q

## 2歳の子どもが食事に集中できません。食事のたびに子どもに注意ばかりしてしまいます。

Answer

食事の時間なのに、おもちゃに気をとられて食べない、食べ物で遊んでしまう、スプーンで食器をたたく…などの子どもの行動には困ってしまいますね。

でも、このような行動はけっして悪気があるわけではなく、子どもの発達におけるひとつの段階なのです。

医学的に見ると、2歳の終わりごろに子どもの脳の神経細胞や脳神経繊維の約80％ができ上がるようです。この状態になってはじめて、前日のことが記憶に残り、言葉が発達するため他人とコミュニケーションをとりやすくなります。親からの教育やしつけの内容も理解できるようになってきます。

つまり、1歳や2歳の子どもには、まだ「遊びと食事は違う」という区別は、なかなかつきません。食べ物で遊んではいけないことや、食器をたたいてはいけないことなどを説明しても理解することができず、同じことを繰り返してしまう、というわけです。「食事」とはどのようなことなのか分かるようになるのは、基本的には3歳ごろからと考えましょう。

ですから、この時期はあまり子どもの行動に目くじらを立てず、楽しい雰囲気のなかで、少しずつ「これはやってはいけないこと」だと、教えましょう。子どもは食卓で家族の姿を見てマナーを身につけていきます。子どもに注意するだけではなく、親自身も子どものお手本となるよう、気をつけたいものです。

「いただきます」「ごちそうさま」のあいさつが大切なのはいうまでもありません。

# 汁もの・鍋のレシピ

普段の食卓にもう一品、汁ものがあるとうれしいものです。
子どもにとっても、汁けのあるものは食べやすく、
野菜なども煮込むことでかさが減って食べやすくなります。
具材の栄養が溶けこんだ汁ものでは、
栄養素を無駄なくとることができますよ。

# 白身魚のだんごスープ

1歳半～2歳

エネルギー 32kcal

塩分 0.5g

**材料（大人2人＋子ども1人分）**

白身魚のすり身…100g

れんこん…100g（すりおろして水けを切る）

塩…少々

鶏ガラスープの素…小さじ1

水…2カップ

片栗粉…小さじ1（水大さじ1で溶いておく）

**作り方**

1 白身魚のすり身に、れんこん、塩を加えて混ぜる。

2 鍋に水を入れ、スープの素を加えて温める。**1**を小さなだんご形に成形して加え、煮る。

3 塩少々（分量外）で味を調え、水で溶いた片栗粉でとろみをつける。

**Arrange**

かぶや白菜など、繊維の少ない野菜を小さく切って加えてもOK。

**Point**

れんこんにはせきを止める作用があり、のどの調子がよくないときにぴったりのスープです。

# ミネストローネスープ

3～5歳

エネルギー 50kcal

塩分 0.5g

**材料（大人2人＋子ども1人分）**

マカロニ（アルファベット形やツリー形など）…20g（塩を加えた湯でゆでる）

ベーコン…1枚（小さく刻む）

玉ねぎ…1/2個（みじん切り）

にんじん…4cm（1cm角の薄切り）

トマト…1個（湯むきしてタネをとり、さいの目切り）

水…3カップ

顆粒コンソメスープの素…小さじ1

塩…少々

パセリ…適量

**作り方**

1 鍋にベーコンを入れて炒め、玉ねぎ、にんじんを加えてさらに炒める。

2 **1**に水、スープの素を加え、にんじんがやわらかくなったらトマトを加えて煮る。

3 ひと煮立ちしたらゆでたマカロニを加えて、塩で味を調える。しあげにパセリを散らす。

**Arrange**

にんじん、玉ねぎ以外の野菜を好みで加えても。

**Point**

マカロニを加えることで、ボリューム満点のスープになります。

3～5歳

## ポトフ

エネルギー 129kcal
塩分 0.8g

**材料(大人2人+子ども1人分)**
鶏もも肉…200g(ひと口大のそぎ切り)
玉ねぎ…小1個(くし形切り)
にんじん…小1本(約4cmの長さに切り、縦に4つ割り)
じゃがいも…1個(4～6つ割り)
ブロッコリー…適量(小房に分けてゆでる)
水…3カップ
顆粒コンソメスープの素…小さじ2

**作り方**
1 鍋にブロッコリー以外の材料をすべて入れて、火にかけ、煮立ったらアクをすくって、弱めの中火で20分ほど煮込む。
2 ブロッコリーを加えてひと煮したら火を止める。

**Arrange**
肉はウインナやフランクフルトソーセージに、野菜は大根やセロリなどで作ってもOK。

**Point**
弱めの中火でじっくり煮こむことで、肉や野菜からおいしいスープが出てきます。

1歳半～2歳

## かぶとささみのスープ煮

エネルギー 34kcal
塩分 0.7g

**材料(大人2人+子ども1人分)**
かぶ…2個(短冊形に切る)
ささみ…2本(繊維をたたいて細切りにする)
A | 塩・片栗粉…各少々
水…3カップ
顆粒コンソメスープの素…大さじ1/2
塩…少々

**作り方**
1 水、スープの素を鍋に入れて温めたら、かぶを加えて再び煮立てる。
2 Aをまぶしたささみを加え、トロッとするまで煮る。
3 塩で味を調える。

**Arrange**
ささみは、皮をとり除い[illegible]らやたいなどの白身魚でも。

**Point**
繊維の少ない野菜、脂質[illegible]ど、消化のよい食材を使っています。

3～5歳

## チンゲン菜とわかめのすまし汁

エネルギー 5kcal
塩分 0.5g

**材料（大人2人＋子ども1人分）**

チンゲン菜…1株（軸は横に細切り、葉はざく切り。子ども用に1/5量をとり分けてやわらかくゆで、さらに小さく刻んでおく）
乾燥カットわかめ…ひとつまみ
だし汁…2カップ
うす口しょうゆ…小さじ1
塩…少々

**作り方**

1 鍋にだし汁としょうゆ、塩を入れて温め、わかめを加える。
2 子ども用のチンゲン菜を器に入れ、**1**を注ぐ。
3 **1**に残りのチンゲン菜を加え、さっと煮て大人用に盛りつける。

**Arrange**
鶏ガラスープの素とごま油で中華風にしてもおいしいです。

**Point**
チンゲン菜はアクが少なく子どもにおすすめの野菜。細かく刻めば幼児食前期の子どもにも与えられます。

1歳半～2歳

## オクラのかき玉スープ

エネルギー 20kcal
塩分 0.6g

**材料（大人2人＋子ども1人分）**

オクラ…5本（産毛をとって小口切り。幼児食前期の子どもには、オクラを細かく刻む）
水…2カップ
顆粒コンソメスープの素…小さじ1強
塩・こしょう…各少々
卵…1個（割りほぐす）

**作り方**

1 鍋に水とスープの素を入れて煮立て、オクラを加えたら、塩、こしょうで味を調える。
2 煮立ったところに、卵を回し入れ、ふわっとしたら火を止める。

**Arrange**
オクラのかわりに絹さや、スナップえんどうなどを斜め薄切りにしたものも合います。

**Point**
卵の黄色が入ることで、食欲をそそる彩りに。大人用には粗びき黒こしょうをふると味がしまります。

1歳半〜2歳

## えのきと白菜のとろとろスープ

エネルギー 9kcal
塩分 0.1g

**材料（大人2人＋子ども1人分）**
えのき …40g（1cm長さに切ってほぐす）
白菜 …1枚（1cm角に切る）
鶏ガラスープの素 … 小さじ1
水 …2カップ
片栗粉 … 小さじ2（水大さじ2で溶いておく）
塩・こしょう … 各少々

**作り方**

1 鍋に鶏ガラスープの素と水を入れて温め、えのきと白菜を入れて煮る。

2 塩で味を調え、水で溶いた片栗粉を加えて、器に盛りつけ、大人用にはこしょうをふる。

**Arrange**
白菜はキャベツに、味つけはコンソメスープの素でも。ハムの細切りを加えてもOK。

**Point**
とろみをつけることで、食材が飲み込みやすくなります。

1歳半〜2歳

## モロヘイヤと豆腐のみそ汁

エネルギー 37kcal
塩分 0.7g

**材料（大人2人＋子ども1人分）**
モロヘイヤ …1束（葉を摘んでゆでて細かく刻む）
絹ごし豆腐 …1/2丁（さいの目切り）
だし汁 …2カップ
みそ … 大さじ1と1/2

**作り方**

1 鍋にだし汁を温め、モロヘイヤ、豆腐を加え、みそを溶き入れる。

**Arrange**
みそではなく、水1と1/2カップに対して鶏ガラスープの素を小さじ1、塩少々で中華風にしても。

**Point**
モロヘイヤも豆腐もカルシウムが豊富。モロヘイヤは鉄や食物繊維も多いので、おとなにとってもうれしい食材です。

1歳半〜2歳

## 冷たいかぼちゃスープ

エネルギー 87kcal
塩分 0.9g

**材料**（大人2人＋子ども1人分）

かぼちゃ…300g（正味）
水…1と1/2カップ
顆粒コンソメスープの素…小さじ2
ローリエ…1枚
牛乳…1カップ
塩…少々

**作り方**

1 鍋に水、スープの素、いちょう切りにしたかぼちゃ、ローリエを入れて火にかける。

2 かぼちゃがやわらかくなったらローリエをとり除き、牛乳を加える。あら熱をとって、ミキサーにかけてなめらかにし、塩で味を調えて冷ます。

**Arrange**
牛乳に生クリームを大さじ1〜2程度プラスするとコクが増します。

**Point**
ミキサーがない場合は、かぼちゃをよりやわらかく煮て、つぶしましょう。

1歳半〜2歳

## 野菜のかき玉スープ

エネルギー 21kcal
塩分 0.4g

**材料**（大人2人＋子ども1人分）

水…2カップ
鶏ガラスープの素…小さじ1
キャベツ…1/2枚（太めのせん切り）
トマト…1/2個（さいの目切り）
卵…1個（割りほぐす）
塩・こしょう…少々

**作り方**

1 水と鶏ガラスープの素を鍋に入れて温め、キャベツ、トマトを加え、キャベツがやわらかくなったら卵を回し入れ、塩、こしょうで味を調える。

**Arrange**
鶏ガラスープの素のかわりに、「シンガポール風チキンライス」（P68）の鶏肉のゆで汁を使ってもおいしくできます。キャベツ、トマト以外の野菜を加えても。

**Point**
トマトの酸味はマイルドなので、酸っぱい味が苦手な子どもも食べやすい一品です。

1歳半〜2歳

## いちごのスープ

エネルギー 19kcal
塩分 0.0g

**材料(大人2人+子ども1人分)**
いちご…100g(ヘタをとる)
オレンジジュース(果汁100%)…1/2カップ
エキストラバージンオリーブ油…少々

**作り方**

1 いちご、オレンジジュースをミキサーにかけてなめらかにする。
2 器によそい、オリーブ油をたらす。

**Arrange**
オリーブ油ではなく、はちみつをたらして食べやすくしてもOK(1歳未満の赤ちゃんには、はちみつを与えてはいけません)。

**Point**
色がきれいなスープ。いちごはくだもののなかでもビタミンCや食物繊維が豊富です。

3〜5歳

## カリフラワーのカレー風味スープ

エネルギー 25kcal
塩分 0.8g

**材料(大人2人+子ども1人分)**
カリフラワー…200g(小房に分けて薄切り)
バター…小さじ1
カレー粉…少々
水…2カップ
顆粒コンソメスープの素…大さじ1/2
塩・こしょう…各少々
パセリのみじん切り…少々

**作り方**

1 鍋にバターを熱し、カリフラワーを入れて炒め、バターがなじんだらふたをして弱火で蒸し煮にする。
2 カリフラワーがやわらかくなったら、カレー粉を加え、さらに炒める。水、スープの素を加えてひと煮立ちさせ、塩、こしょうで味を調える。
3 器に入れ、パセリのみじん切りを散らす。

**Arrange**
幼児食前期には、カレー粉は入れません。1でカリフラワーを炒めたら1/5量をとり分け、牛乳1/4カップ、スープを大さじ2加えて温めたものを与えましょう。

**Point**
カリフラワーは、ビタミンCが豊富です。くせもなく、カレー味と相性がよい食材です。

3～5歳

# トマトフォンデュ鍋

エネルギー 154kcal
塩分 0.6g

**材料（大人2人＋子ども1人分）**

〈トマトソース〉
トマト水煮（ホール）…1缶
オリーブ油 … 大さじ2
にんにく … 小1かけ（みじん切り）
水 … 1/2カップ
塩 … 小さじ1/2
バジル（あれば）…1枚（手でちぎる）

〈具材〉
パプリカ（赤・黄）… 各1/2個（1cm幅に切る）
ブロッコリー…1/2個（小房に分けてゆでる）
じゃがいも …1個（ラップに包み電子レンジで1分半加熱し皮をむき、ひと口大に切る）
鶏もも肉 …1/2枚（ひと口大のそぎ切り）
えび … 10尾（殻と尾と背ワタをとる）
オリーブ油 … 大さじ1
マッシュルーム … 4個（半分に切る）
塩・粗びき黒こしょう … 各少々（鶏もも肉用）
粉チーズ・パセリ（みじん切り）… 各適量

**作り方**

1 鍋にオリーブ油、にんにくを入れ、弱火でにんにくが色づくまで炒める。
2 トマト水煮を汁ごと加え、トマトをつぶし、水、塩、バジルを加え、再び煮立ったら、ふたをせず弱火で10分ほど煮る。
3 鶏肉に塩、粗びき黒こしょうをふり、オリーブ油小さじ2を入れて熱したフライパンで、マッシュルームとともにソテーする。
4 同じフライパンをふき、残りのオリーブ油でえびをソテーする。子ども用はそのままとり出し、大人用には塩、粗びき黒こしょう各少々（分量外）をふる。
5 残りの具を器に入れ、トマトソースをかけ（またはフォンデュし）、粉チーズやパセリを好みでかける。

**Arrange**

ソースにくぐらせる具材は、ソテーした豚肉やかじき、グリーンアスパラ、カリフラワーなど、家族の好みに合わせてかえてみましょう。

**Point**

子どもが好みやすいトマトをフォンデュ鍋にすると、肉や魚と一緒に野菜もとれて栄養バランスが整います。

1歳半～2歳

# 豆乳鍋

エネルギー 103kcal

塩分 0.7g

**材料（大人2人＋子ども1人分）**

鶏もも肉（骨つきぶつ切り肉）…200g
長ねぎの青い部分…1本分
しょうがの薄切り…3～4枚
水…6カップ
無調整豆乳…2カップ
塩…小さじ1弱
大根…100g（ピーラーでリボン状に）
にんじん…100g（ピーラーでリボン状に）
白菜…50g（ざく切り）
しめじ…1パック（石づきを切り落とす）
えのき…1パック（石づきを切り落とす）
水菜（大人のみ）…4株（ざく切り）
〈鶏つくね〉
鶏ひき肉…100g
木綿豆腐…100g（水切りしておく）
片栗粉…小さじ2
塩…少々
※子どもは1/5量、残りは大人2人で分ける。
〈薬味（大人用）〉
みつば…1束（ざく切り）
万能ねぎ…4本（小口切り）

**作り方**

1 鶏肉、ねぎ、しょうが、水を鍋に入れて火にかけ、煮立ったらアクをとり、ふたをして弱火で20分ほど煮る。
2 豆乳を加え、塩で味を調える。
3 鶏つくねの材料を混ぜ合わせ、スプーンなどでだんご状にしてスープに加えて煮る。
4 野菜、きのこ類を加えて煮る。器によそい、大人用にはみつばとねぎをのせる。

**Arrange**

大根、にんじん、白菜、きのこ、水菜以外にも、火の入りやすい野菜を加えてもよいでしょう。

**Point**

白菜は、子どもが食べやすいよう、クタクタになるまで煮ましょう。水菜は、幼児食前期の子どもには、まだかみちぎりにくいですが、後期に入るとだんだん食べられるようになってきます。

# 食材の旬、知っていますか？

**四季のある国、日本では、季節によってさまざまな食材が出回ります。“旬”を知って、豊かな食事をしたいものですね。**

## それぞれの食材をいちばんおいしく食べられる時期

野菜やくだもの、魚介など、私たちの食卓に上がる食材の多くは、気候の変化や日本をとり巻く海流に影響を受けて育ちます。

春には香りのいいたけのこご飯、夏になったらひんやりしたトマトが食べたい…など、食べ物から季節を連想することができるように、食材には、他の時期よりも新鮮でおいしく食べられる時期があります。それが「旬」です。旬の食べ物は味がいいのはもちろん、スーパーなどで安く、たくさん出回るのが魅力です。

しかし近年になって、野菜やくだものの栽培技術や食品の加工・冷凍技術の発達、また、海外輸入の増加など、食材の流通が大きく変化しました。そのため、多くの食材は、一年を通していつでもスーパーで目にすることができるようになっています。欲しいと思ったとき、すぐ手に入る生活は便利ではありますが、旬が感じられにくくなっているともいえます。

## 旬の食材は栄養価も高い

よい状態のものを安く手に入れられることも旬の食材の魅力ですが、忘れてはならないのが、その栄養価の高さです。

たとえば、ほうれんそうの旬は冬ですが、夏に収穫されるものより、ビタミンCを3倍多く含んでいます。ビタミンCといえば、からだが免疫をつくるときに必要な栄養素で、カゼの予防に欠かせません。トマトは、旬の夏に出まわるものほど、濃い赤色をしています。この赤い色の元になっているのが、リコピンという成分です。リコピンは、強い抗酸化作用をもっており、日焼けで肌が受けるダメージをやわらげるのに効果的だといわれています。

このように、旬の食材をとり入れると、自然とその季節に起こりやすいからだの不調を防ぐことができるのです。

また、生育環境に適した旬の野菜や魚介類は、栄養のみならず、自然の甘味やうま味で、よりいっそうおいしく感じられるでしょう。

## 子どもに伝えたい食材の旬

店頭に並ぶ食材からは、季節感が薄らいできている昨今ですが、旬の食材を味わう楽しみを子どもにも伝えていきたいものです。普段の買い物などから、会話を通して伝えることも大切ですが、子どもと旬をつなげるのに、いい機会となるのが行事食です。

たとえば、3月の桃の節句の「はまぐりのすまし汁」(P116)。はまぐりの貝殻は、対になっていないとぴったり組み合わせられないことから、仲むつまじい夫婦を表し、「一生一人の人と添い遂げられるように」という願いを込めた行事食といわれています。また、はまぐりは4月の産卵期を迎える前の2~3月がいちばんおいしい旬の時期といわれています。縁起ものであるばかりではなく、旬の食材をうまく使った献立でもあるのです。

行事などの節目を通じて、季節と旬のつながり、行事食のエピソードも子どもたちに伝えていきたいですね。

## 【食材の旬 早見表】

春夏秋冬、それぞれの季節の旬の食材をまとめました。
買い物のときに活用してください。旬の時期に親子で
探すのもよいですね。

※食材の旬は、地域、気候、種類、
栽培方法などにより異なります。

| | 野菜 | くだもの | 魚介 |
|---|---|---|---|
| 春 | ●アスパラガス<br>●新玉ねぎ<br>●セロリ<br>●たけのこ<br>●菜の花<br>●ふき<br>●にら | ●梅<br>●いちご | ●あさり<br>●初がつお<br>●きびなご<br>●桜えび<br>●さより<br>●桜だい<br>●さわら<br>●にしん<br>●めばる |
| 夏 | ●いんげん<br>●枝豆<br>●きゅうり<br>●トマト<br>●とうもろこし<br>●ピーマン<br>●らっきょう | ●さくらんぼ<br>●すいか<br>●梨<br>●びわ | ●あいなめ<br>●あわび<br>●いさき<br>●うなぎ<br>●まぐろ<br>●しろぎす<br>●すずき |
| 秋 | ●さつまいも<br>●里いも<br>●しいたけ<br>●なす<br>●ねぎ | ●柿<br>●栗<br>●梨<br>●ぶどう | ●戻りがつお<br>●秋鮭<br>●かれい<br>●かんぱち<br>●さんま<br>●芝えび<br>●ほたて<br>●あじ<br>●さば<br>●はぜ |
| 冬 | ●里いも<br>●大根<br>●にんじん<br>●ブロッコリー<br>●ほうれんそう<br>●れんこん<br>●白菜 | ●きんかん<br>●みかん<br>●ぽんかん<br>●りんご | ●あんこう<br>●かき<br>●さわら<br>●たこ<br>●とらふぐ<br>●たら<br>●ぶり<br>●ひらめ<br>●まだい<br>●やりいか |

子どもの「食」Q＆A

# 「食」を楽しむ

## Q

## 子どもが食に興味をもつために、保護者にできることはありますか？

**Answer**

食事といえば、栄養バランスや好き嫌いなど、内容そのものが気になってしまいがちです。でも、子どもが「食べる」という行為そのものを楽しんだり、料理ができるまでのプロセスに関心をもったりすることも大切です。子どもにとって、毎日の食事は、精神面をつかさどる大脳の発達と深いかかわりがあり、ともに食べた人や場所、食材や料理をとおして世界を広げていきます。食欲は、楽しい経験や満足感にあと押しされるもの。食事の場が楽しくなければ食欲もわかず、食事自体が苦痛になってしまいます。

言葉を覚え、料理名や食材名などがわかってきたら、「食べ物しりとり」をしたり、みそ汁に入っている具を当てるクイズをしたりしてみましょう。料理に興味をもつきっかけになりますし、楽しい食卓を演出することもできます。子どもと食材を買いに出かけて、一緒に選ぶのもおすすめです。

また絵本も役に立ちます。たとえば『ぐりとぐら』（福音館書店）では、卵を見つけるところからカステラ作りが始まりますが、ページをめくるたびに子どもたちは胸をおどらせます。最後にカステラのいいにおいに誘われて森の仲間が集まるシーンは、最高に魅力的です。「いいにおいがして、おなかがすく」ことは、子どもの食欲には大事なこと。それらが想像できる絵本を探してみるのもひとつの方法です。

Chapter 5

# おやつのレシピ

お楽しみのおやつの時間。
子どもにとっては、食事で補いきれない栄養をとれるチャンスです。
エネルギー源となる炭水化物や、ビタミン・ミネラル源となるくだものなど、
バランスを工夫しながらおいしくいただきましょう！

1歳半〜2歳

# 米粉蒸しパン

エネルギー 129kcal
塩分 0.1g

**材料（8個分）**

米粉…200g
重曹…小さじ1/2弱
砂糖…50g
塩…ひとつまみ
りんごジュース（果汁100％）
…1と1/4カップ

**作り方**

1. ボウルで米粉と重曹を合わせてふるいにかける。
2. **1** に砂糖と塩を加えたあと、りんごジュースも加えてよく混ぜ合わせる。
3. プリン型に紙カップを入れ、**2** を流し入れて蒸し器で20分蒸す。

**Arrange**

りんごジュースはにんじんジュースや野菜ジュースにしても、おいしいですよ。

**Point**

やさしい味わいが、子どものおやつとしてぴったり。朝食の一品にするのもおすすめです。



※エネルギーと塩分は1個あたりの数値です。

1歳半〜2歳

# 米粉のクッキー

エネルギー 52kcal
塩分 0.0g

**材料（24枚分）**
米粉 …100g
アーモンドプードル …20g
ベーキングパウダー… 小さじ1
砂糖 …30g
サラダ油 …70g

**作り方**

1 ボウルで材料をすべて混ぜ合わせ、ひとまとめにし、めん棒で厚さ3㎜ほどにのばす。

2 好きな型で抜き、160度に予熱したオーブンで15〜20分焼く。

**Arrange**
生地にきな粉やココアパウダーなどを加えて風味に変化を出しても。

**Point**
ヨーグルトや牛乳、果汁100％のジュースなどと組み合わせて。

※エネルギーと塩分は1枚あたりの数値です。

3～5歳

# チョコレート風＆小倉風アイス

エネルギー **201kcal**
塩分 **0.0g**

**材料**（各4人分、大人と子ども同量）

〈チョコレート風アイス〉
ココナッツミルク…1カップ
ピュアココア…小さじ1
砂糖…大さじ2

〈小倉風アイス〉
ココナッツミルク…1カップ
ゆであずき…大さじ2（缶や袋入りが便利。加糖のものは砂糖の量を調整する）
砂糖…大さじ1

**作り方**

1 ボウルでそれぞれの材料を合わせてよく混ぜ、バットに流し込み、冷凍室で冷やす。
2 途中で何度かかき混ぜて冷やし固める（45分に1回の割合で混ぜて約2時間）。

**Arrange**

冷やすと甘味を感じにくくなるので、砂糖を控えず分量どおりに作りましょう。

**Point**

金属性のバットに薄く流し込むと、早く固まります。ココナッツミルクを入れることで、口当たりはさっぱりしたまま、コクのある深い味に。



※チョコレート風アイスが97kcal、小倉風アイスが104kcalです。

1歳半～2歳

## フローズンヨーグルト

エネルギー 77kcal
塩分 0.1g

**材料（大人2人＋子ども1人分）**

プレーンヨーグルト …250ml
コンデンスミルク… 大さじ2～3（砂糖の場合は大さじ3）
バナナ …1/2本（粗くつぶす）
キウイ …1/2個（粗く刻む）
オレンジ…1/2個（粗く刻む）

**作り方**

1 ざるにキッチンペーパーかふきんを敷き、ヨーグルトを入れて1時間ほど水切りする。
2 ボウルに **1** とコンデンスミルク、バナナ、キウイ、オレンジを入れて混ぜ合わせる。
3 バットに流し込み、冷凍室で2～3時間冷やし固める。途中1～2度かき混ぜて、空気を含ませるとふんわりとした口当たりに。

**Arrange**
好みのフルーツを入れて、いろいろな組み合わせを試して。缶詰のフルーツでもOK。

**Point**
加糖ヨーグルトの場合、コンデンスミルクや砂糖は入れません。

1歳半～2歳

## グレープフルーツのゼリー

エネルギー 45kcal
塩分 0.0g

**材料（4～6人分、大人と子ども同量）**

グレープフルーツ … 小2個
粉ゼラチン … 小1袋（5g）
はちみつ … 大さじ1

**作り方**

1 グレープフルーツ1個の果肉をとり出し、ひと口大に切る。もう1個はしぼって皮を器にする。ゼラチンを水大さじ2（分量外）にふり入れてふやかし、電子レンジで20秒加熱する。
2 グレープフルーツの果肉と果汁、はちみつを合わせてよく混ぜ、ゼラチンを加えて皮に流し入れ、冷やし固める。
3 皮ごと食べやすい大きさに切る。

**Arrange**
グレープフルーツをオレンジにかえて作っても、さっぱりとしたおいしいゼリーになります。

**Point**
グレープフルーツの皮を器として使うことで見た目も楽しめます。

1歳半〜2歳

# にんじん蒸しパン

エネルギー 253kcal
塩分 0.1g

**材料(3個分)**

大和いも …80g(皮をむいて酢水につける)
砂糖…80g
上新粉…90g

A
- にんじんのすりおろし…70g
- ベーキングパウダー…小さじ1/4
- 水…大さじ1と1/3

※すべてを合わせておく。

**作り方**

1 ボウルに大和いもをすりおろしながら、砂糖を2〜3回に分けて加え混ぜる。

2 **1**に**A**を少しずつ加え混ぜたあと、ふるいにかけた上新粉を加えて混ぜ、紙製のマフィンカップに8分目まで入れたら20分ほど生地を休ませる。

3 **2**を耐熱皿に並べ、全体にふんわりとラップをかぶせ、電子レンジで2分30秒加熱する。

**Arrange**

にんじんを青菜にかえた場合は、ゆでて細かく刻むか、すり鉢ですり、水けを軽くしぼって加えて。

**Point**

1個ずつラップで包んで冷凍しておけば、2週間保存可能。野菜が苦手なお子さんでも食べやすい蒸しパンです。幼児食前期は半分にするなど量を調整しましょう。



※エネルギーと塩分は1個あたりの数値です。

## 豆乳もち

1歳半〜2歳

エネルギー 76kcal
塩分 0.0g

**材料(大人2人+子ども1人分)**

無調整豆乳…1カップ
片栗粉…大さじ4
砂糖…大さじ3
きな粉…適量

**作り方**

1 鍋に豆乳、片栗粉、砂糖を入れ、へらでよく混ぜてから中火にかける。
2 へらで混ぜ続け、トロリとしてきたら、さらに混ぜる。もっちりしてきたら火からおろす。
3 ぬらしたスプーンで成形し、きな粉をまぶす。

**Arrange**

大豆アレルギーがある場合は、豆乳を牛乳に、きな粉を黒みつにかえてください。また、ジャムを水でのばしたフルーツソースをかければ、洋風デザートになります。

**Point**

加糖豆乳なら砂糖は必要ありません。バットなどにきな粉を薄くひき、その上に成形した豆乳もちを置くと、くっつきにくく作業しやすくなります。幼児食前期は小さく切って与えましょう。

## スイートポテト

1歳半〜2歳

エネルギー 43kcal
塩分 0.0g

**材料(12個分)**

さつまいも…正味150g
はちみつ…25g
バター(無塩)…10g
卵黄…2個分
みりん…少々

**作り方**

1 鍋でさつまいもをやわらかくなるまでゆでて皮をむき、鍋の中で手早くつぶしてはちみつとバターを加え混ぜる。
2 **1**が熱いうちに、卵黄1と3/4個分を加えてよく混ぜ、再び火にかける。卵に火がとおって生地が鍋から離れるくらいまで練る。
3 **2**のあら熱をとって12等分し、ラグビーボールの形に整える。
4 **3**をオーブンシートを敷いた天板に並べ、残りの卵黄にみりんを加えたものを表面に塗り、200度に予熱したオーブンで10〜15分焼く。

**Arrange**

同じ分量で、かぼちゃにかえても作れます。

**Point**

形づくりは子どもも楽しくできますよ。

※エネルギーと塩分は1個あたりの数値です。

1歳半～2歳

# フルーツゼリー

エネルギー 71kcal
塩分 0.0g

**材料（カップ4個分）**

オレンジジュース…1と1/4カップ
フルーツミックス…小1缶（果肉正味110g程度、食べやすい大きさに切る）
粉ゼラチン…5g（水大さじ2でふやかしておく）
砂糖…大さじ2

**作り方**

1 ゼラチンを電子レンジで20秒加熱する。
2 鍋に半量のオレンジジュース、砂糖を入れて火にかけ、砂糖が溶けたら、**1**を加えて火を止め、残りのオレンジジュースとフルーツミックスを加える。
3 ボウルに氷水を用意し、**2**を鍋のまま冷やしながらへらで混ぜ、少しとろみがついてきたら、器に等分して約1時間半冷やし固める。

**Arrange**

好きなフルーツジュースで作れます。特に果汁100%がおすすめ。ただし、生のパイナップルとキウイでは固まらないので、不向きです。

**Point**

子ども1人分の目安は、でき上がり1個のうち1/2個です。ジュースの量を調整して、飲み込みやすいなめらかな固さにしましょう。



※エネルギーと塩分は1個あたりの数値です。

1歳半～2歳

## りんごとさつまいもの甘煮

エネルギー 40kcal
塩分 0.0g

**材料（大人4人＋子ども2人分）**

A
- りんご … 小1個（皮をむいていちょう切り）
- さつまいも … 160g（いちょう切り）
- レモン汁 … 大さじ1/2
- 砂糖 … 大さじ2

水 … 適量

**作り方**

1 鍋に **A** を入れたら、水をひたひたになるまで加え、やわらかくなるまで煮る。

**Point**
さつまいもの皮は食物繊維がとれるので、2歳ごろからは皮つきのまま使ってもよいでしょう。砂糖の量を少量におさえた、やさしい甘さです。

1歳半～2歳

## マンゴープリン

エネルギー 80kcal
塩分 0.0g

**材料（大人4人＋子ども2人分）**

マンゴー…1缶（果肉正味250g）
牛乳 …1カップ
生クリーム …80㎖

A
- 粉ゼラチン …10g
- 水 … 大さじ3

ミントの葉 … 少々

**作り方**

1 マンゴーの果肉を飾り用に少しとり分け、さいの目に切る。缶詰の汁は大さじ5とっておく。
2 **A** を合わせ、電子レンジで加熱して溶かす。
3 **1** の缶詰の汁、残りのマンゴーと **2**、牛乳、生クリームをミキサーにかけ、器に入れ、冷やし固める。しあげに飾り用のマンゴーを散らし、ミントを飾る。

**Arrange**
マンゴー缶はパイナップル缶で代用してもかまいません。

**Point**
生のマンゴーでは固まらないので、必ず缶詰のマンゴーを使いましょう。

1歳半〜2歳

## フルーツポンチ

エネルギー 41kcal

塩分 0.0g

**材料（大人2人＋子ども1人分）**

いちご…8個（薄いいちょう切り）

キウイ…1個（皮をむいて薄いいちょう切り）

りんご…1/4個（皮をむいて薄いいちょう切り）

オレンジ…1個（1/2個は果汁をしぼり、残りは薄皮をむいて小さく切る）

砂糖…大さじ1

**作り方**

1 ボウルにオレンジ果汁を入れ、砂糖を加えて溶かす。

2 **1**に切ったくだものを加えてさっと混ぜ、しばらくなじませる。

**Arrange**

好みのくだものを加えたり、ヨーグルトやアイスに添えたりしても。

**Point**

大人用は風味づけに白ワインを加えても。

3〜5歳

## すいかのマリネ

エネルギー 34kcal

塩分 0.0g

**材料（大人2人＋子ども1人分）**

すいか（小玉）…正味350g（中身をボール状にくりぬく）

ミントの葉（あれば）…適量

〈マリネ液〉

砂糖…大さじ4

レモン汁…1/2個分

**作り方**

1 ボウルの中でマリネ液を合わせ、すいかを加えてなじませ、盛りつける。

2 ミントの葉を飾る。

**Arrange**

星形やハート形に型抜きしてあげると、よりかわいいデザートに。

**Point**

すいかを小さく薄めに切って作れば、幼児食前期の子どもも食べられます。すいかは汗で失われるカリウムが補えます。赤い色素・リコピンは、美白や生活習慣病予防に役立ちます。

1歳半～2歳

## ぶどうのゼリー

エネルギー 65kcal
塩分 0.0g

**材料（大人2人＋子ども1人分）**

ぶどう …1房（皮をむき、タネがあればとる）
ぶどうジュース（果汁100％）…1と1/4カップ
水 …1/2カップ
粉寒天 …2g
砂糖 … 大さじ1

**作り方**

1 鍋に水と粉寒天を入れて火にかけ、沸騰したら火を弱めて1分煮立たせる。
2 砂糖を加えて溶かし、ぶどうジュース、ぶどうを加えてあら熱をとり、器に流し入れて、冷やし固める。

**Arrange**
ぶどう以外のくだものでも、同じようにジュースと果肉を用意すれば作れます。

**Point**
幼児食前期はぶどうを丸飲みしてしまうことがあるので、半分に切ってから冷やし固めましょう。

1歳半～2歳

## いちご ヨーグルトかん

エネルギー 52kcal
塩分 0.0g

**材料（3人分、大人と子ども同量）**

いちご（中）…5～6個（1個は飾り用）
プレーンヨーグルト …50g
水 …1/2カップ
粉寒天 …1.5g
砂糖 …25g

**作り方**

1 鍋に水を入れ、粉寒天を加えて火にかける。沸騰したら砂糖を加え混ぜて溶かす。
2 飾り用以外のいちごをミキサーにかけてボウルに入れ、ヨーグルトを加えて軽く混ぜる。
3 **2** のボウルに **1** の寒天液を入れて混ぜ、器に移して冷やす。しあげに薄く切ったいちごを飾る。

**Arrange**
キウイやマンゴー缶など、いちご以外のくだものでも楽しめます。

**Point**
寒天を型抜きするときはあらかじめバットや浅めの容器で作りましょう。

## 焼きりんご

3〜5歳

エネルギー 63kcal
塩分 0.0g

**材料（大人2人＋子ども1人分）**

りんご…1個（皮つきのまま厚さ2cmの輪切りにし、芯をお好みの型で抜く）
サラダ油…大さじ1
バター…10g
シナモンパウダー…少々

**作り方**

1 フライパンにサラダ油を熱し、りんごを置いて弱火でじっくり焼く。

2 焼き色がついたらひっくり返し、同じように焼く。バターを加えてからめ、おとなは好みでシナモンをふる。

**Arrange**
幼児食前期にはひと口大に切りましょう。

**Point**
皮つきなので食物繊維も無駄なく摂取できます。

## バナナのレモンキャラメル

1歳半〜2歳

エネルギー 99kcal
塩分 0.1g

**材料（大人2人＋子ども1人分）**

バナナ…2本（輪切り）
砂糖…大さじ4
バター…大さじ2
レモン汁…1個分

**作り方**

1 フライパンにバナナを並べ、砂糖をふり、バターをのせる。レモン汁を回しかけたら、ふたをして弱火で蒸し煮にする。

2 バターと砂糖が溶けたら、ふたをとって中火にし、周囲が茶色っぽくなったところで、全体を混ぜる。

**Arrange**
甘さが気になるようなら、砂糖はやや少なくしましょう。

**Point**
バナナは、便秘予防に効果的な食物繊維や血圧をコントロールするカリウムが豊富。健康のため、年代を問わず食べたいくだものです。

1歳半〜2歳

## パイナップルシェイク

エネルギー 118kcal
塩分 0.1g

**材料（大人2人＋子ども1人分）**

パイナップル …200g
バニラアイスクリーム … 小2パック（110mℓ×2パック）
牛乳 …1/2カップ

**作り方**

1 材料すべてをミキサーに入れ、撹拌《かくはん》し、グラスに注ぐ。

**Arrange**

好みのくだもので作れます。冷凍してときどきかき混ぜて、ふんわりと凍らせると、ジェラート風になります。

**Point**

アイスクリームの甘味と、パイナップルのさわやかな酸味で、乳製品が苦手な子どもも飲みやすい一品です。

1歳半〜2歳

## トマトとオレンジのジュース

エネルギー 61kcal
塩分 0.0g

**材料（大人2人＋子ども1人分）**

トマト …1個（ざく切りにしてタネをとる）
オレンジのしぼり汁 …3個分
はちみつ … 大さじ2

**作り方**

1 材料をすべてミキサーに入れて撹拌し、グラスに注ぐ。

**Arrange**

上のレシピ同様、凍らせるとジェラート風になります。

**Point**

トマトが苦手な子どもも、オレンジ果汁により、飲みやすくなります。

# おやつの与え方、考え方

**子どものおやつは、お楽しみの時間であるとともに、補食の役割があります。どのようなことに注意して与えればよいのでしょうか。**

## エネルギー補給として大切なのがおやつ

子どももおとなも、一日に必要な栄養やエネルギーは、朝昼夜の3食に分けて摂取します。しかし、幼児期には、一度の食事で満足な量を食べられない場合も多々あります。そこで、食事だけでは補いきれない栄養をおやつで補います。

おやつを始めるのは、1歳前後と、授乳の回数が減って一日3回の食事が定着したころです。食事と食事の間隔が5～6時間あくようになったら始めどきと考えましょう。

おやつでとるエネルギー量の目安は1歳半～2歳児では100～150kcal、3歳以上では200kcalほど。牛乳100㎖で約70kcalなので、1歳半～2歳児なら、牛乳150㎖を飲むだけでよい場合もあります。3歳児なら下の表にある「50kcalくらいのおやつ」を牛乳と組み合わせると簡単です。

また、3食バランスよく食べることができ、元気なようすなら、無理に与える必要はありません。

## どんなものを用意すればよいでしょうか

おやつは、食事で食べさせるのが難しい栄養を無理なく与えるチャンスでもあります。たとえば、牛乳・乳製品は一日に400g（㎖）ほど必要ですが、食事のときに牛乳を飲ませようとするとおなかがいっぱいになってしまいます。また、偏食のある子が野菜のおかずを食べてくれないといったこともあるでしょう。そのような場合には、おやつで与えればいいのです。乳製品は、「フローズンヨーグルト」（P101）のように、少し変化をつけたおやつにしてもいいですね。野菜が苦手な子も、「キャロットパンケーキ」（P65）のように、すりおろしたり、ゆでて刻んだ野菜が混ぜ込んであるおやつなら、食べやすいでしょう。

P104～108で紹介しているくだもののおやつも、ビタミンや食物繊維が摂取でき、水分補給にもなるので作ってみてください。

## 市販のおやつは与えていいの?

とはいえ、ごはんに加えておやつも手作りで、というのは少し大変と感じる方もいらっしゃるでしょう。市販のおやつを幼児期の子どもに与

### “50kcal”のおやつの例

| | |
|---|---|
| ●いちご | 中10個 |
| ●スライスチーズ | 2/3枚 |
| ●バナナ | 1/2本 |
| ●さつまいも | 中1/5本 |
| ●みかん | 大1個 |
| ●カステラ | 1/3切れ |
| ●りんご | 中3/4個 |
| ●マドレーヌ | 1/5個 |
| ●プレーンヨーグルト | 2/5カップ |
| ●せんべい | 大1枚 |
| ●ビスケット | 1.5枚 |

上記のおやつを組み合わせて、目安カロリー以内におさめてもよいですね。

える場合は、商品を選ぶときに、少し気をつけるようにしましょう。
まず食品表示をチェックし、材料やカロリーを確認します。極端に味が濃いものや高カロリーのものは、避けましょう。袋菓子の場合、そのまま出してしまうと、子どもはもっと食べたいという気持ちになるものです。食べさせる分だけを、お皿にとり分けて与えましょう。
また、気をつけたいのがジュースです。果汁量が多いものは糖分も多く、それだけでおやつでとるべきカロリーに達することもあります。おやつの糖分が多い場合は、水やお茶を飲ませましょう。

## アレルギーがある場合は代替食材で工夫を

食物アレルギーは、特定の食べ物を口にした際に、かゆみや発疹、嘔吐などの症状が起こることです。特に、3歳くらいまでの乳幼児は、消化機能が未発達で、アレルゲンであるタンパク質をうまく分解できないことがおとなに比べて多いようです。

### “アレルギーの恐れ”のある食品一覧

| | |
|---|---|
| 乳製品 | 牛乳、バター、チーズ、アイスクリーム、チョコレートなど |
| 鶏卵・鶏 | 卵、鶏肉、マヨネーズ、ケーキ、天ぷらなど |
| 穀物 | 小麦、そば、大豆、米など |
| ナッツ類 | 落花生、カシューナッツ、くるみ、栗、ごまなど |
| 魚介類・魚卵 | えび、かに、いか、鮭、さば、いくら、あわびなど |
| 野菜・きのこ・いも類 | まつたけ、山いもなど |
| くだもの | オレンジ、キウイ、バナナ、桃、りんご、パイナップルなど |
| その他 | ゼラチン、カカオ（チョコレート菓子）、牛肉、豚肉など |

卵、牛乳、大豆、小麦、米を五大アレルゲンといい、食物アレルギーの原因でトップ5となっています。近年はくだもの、野菜、いも類などによる食物アレルギーも報告されています。いずれもおやつに使われることが多いものです。お子さんにこうした食材のアレルギーがある場合、おやつが食べられないとあきらめず、代替食材を利用してみましょう。
たとえば、牛乳は豆乳や牛乳アレルギー用ミルクに、小麦粉は米粉や上新粉にかえられます。「米粉のクッキー」（P99）や「にんじん蒸しパン」（P102）は小麦粉を使わずに作っています。「これならおいしくできるかな？」と、アレンジを楽しめるといいですね。
市販のおやつを利用する場合は、アレルゲンが含まれていないか、食品表示で確かめてください。
また、アレルギーの症状が軽くてすむよう、免疫力を高めることも大切です。腸内環境が整うと、病原菌やアレルギー源を体外に出しやすくなります。ヨーグルトや納豆などの発酵食品を食べて、乳酸菌などを腸に送り込みましょう。

子どもの「食」Q＆A

## くだものの与え方

Q

# くだものが大好きですが、いつどのように与えればよいのかわかりません。

Answer

季節を感じることができ、色やよい香りで気持ちを浮き立たせる効果のあるくだものには、私たちの食卓のなかでも大切な役割があります。

　くだものの種類にもよりますが、栄養面では、ビタミンCや食物繊維、水分の摂取源になります。また、甘味である果糖はからだを動かし、頭を働かせる即効性のあるエネルギー源になるので、おなかがすいているときの手軽なエネルギー補給として効果的です。よく「朝のくだものは金」といわれるのは、くだものを食べるだけで、寝ている間に消耗したエネルギーや水分を補えるからです。とくに一度に食事をたくさん食べられない幼児にとっては、くだものは間食としてエネルギーを補うのに適した食材といえます。

　くだものは体調によって選ぶことも大切です。おなかがゆるい場合は柑橘類を避け、整腸作用のあるりんごを、便秘のときはバナナやりんご、食物繊維の多いキウイなどを食べるとよいでしょう。

　一日の摂取目安量は、1歳半～2歳なら１００～１５０ｇ、3～5歳なら１５０～２００ｇ、おとなは２００ｇです。量るのがめんどうな場合は、「手ばかり」がおすすめ。子どもの両手の親指と人さし指で輪を作り、この中に入る程度のくだものの量が、それぞれの年代の摂取目安量と覚えておくと便利です。これ以上になると、果糖のとりすぎや食事の妨げになるので注意しましょう。

　ビタミンCが豊富なくだものは、みかんやグレープフルーツなどの柑橘類や、いちご、キウイ、柿の他、パパイア、グアバ、アセロラなどです。りんごやバナナ、ぶどう、梨、桃、さくらんぼなどには、実はあまり多く含まれていません。

　栄養面から考えると、バナナやりんごなど「子どもが食べやすいもの」とビタミンCが多いくだもの」、「季節のくだものとビタミンCが多いくだもの」というように組み合わせるとよいですね。

Chapter 6

# 特別な日のレシピ

お誕生日やクリスマスなどのイベント、
外で食べるお弁当など、いつもとちょっと違う特別な日には、
おいしい料理を楽しみたいもの。
盛りつけや器などをいつもより華やかにしてみるのもいいですね。

# お誕生日

お誕生日は1つ“おとな”になる日。
レタスをちぎったりころもをつけたり、
おとなと一緒に準備をすると、
お兄さん、お姉さん気分が味わえます。

3～5歳

## 鶏肉のクリスピー揚げ

エネルギー 261kcal
塩分 0.4g

**材料（大人2人＋子ども1人分）**

鶏むね肉…1枚
塩・こしょう…各少々
A［小麦粉…大さじ3　牛乳…大さじ3］
コーンフレーク…1/2カップ（ポリ袋に入れて細かく砕く）
揚げ油…適量

**作り方**

1 鶏肉をそぎ切りにし、縦にスティック状に切る（子ども用は小さめのスティック状に）。塩、こしょうをして下味をつける。
2 混ぜ合わせた **A** に **1** を1本ずつくぐらせ、コーンフレークをまぶす。
3 170度に熱した油で揚げる。

**Arrange**
鶏肉はかじきにしてもおいしくしあがります。

**Point**
コーンフレークをころもにすることで、香ばしく、サクサクした食感になります。

3～5歳

## シーザーサラダ

エネルギー 95kcal
塩分 0.5g

**材料（大人2人＋子ども1人分）**

レタス…2～3枚（食べやすい大きさにちぎる）
ベーコン…2枚（1cm幅に切る）
8枚切り食パン…1枚
サラダ油…少々
〈ドレッシング〉
A
粉チーズ…大さじ1
フレンチドレッシング…大さじ1
マヨネーズ…大さじ1
すりおろしにんにく…少々

**作り方**

1 クルトンを作る。フライパンにサラダ油を熱し、7～8mm角に切った食パンを入れ、カリッとするまでフライパンを揺すりながら焼く。次に、クルトンをとり出し、同じフライパンでベーコンをカリッとするまで焼く。
2 **A** を混ぜ合わせてドレッシングを作る。
3 ボウルにレタスと **2** を入れて混ぜ合わせ、器に盛る。
4 **1** のクルトンとベーコンを散らす。

**Arrange**
レタスはベビーリーフやサラダほうれんそう、サラダ菜などでもOK。

**Point**
クルトン、ベーコンの食感が楽しく、ドレッシングのチーズのコクなどで生野菜が食べやすくなります。

1歳半～2歳

## ミニショートケーキ

エネルギー 321kcal
塩分 0.5g

**材料（大人2人＋子ども1人分）**

ホットケーキミックス…200g
卵…1個
牛乳…1カップ
サラダ油…少々
生クリーム…1/2カップ
砂糖…大さじ2
いちご…10個（4個は薄切り、6個はヘタをとる）
〈シロップ〉
A
砂糖…10g
水…20ml

**作り方**

1 ホットケーキミックスに卵、牛乳を加えて混ぜ、サラダ油をひいたフライパンで6枚（直径10cmくらい）焼いて冷ます。
2 **A** を電子レンジで20～30秒加熱し、冷ます。
3 **1** の表面にハケで **2** のシロップを塗る。その上に砂糖を加えて8分立てにした生クリームを塗り、薄切りのいちごを並べ、スポンジをのせる。これを繰り返し、3段にする。上段のスポンジにも生クリームを塗り、ヘタをとったいちごを飾る。

**Arrange**
いちごは季節に応じたくだものにかえるとよいでしょう。黄桃缶やメロン、バナナも合います。

**Point**
生クリームを塗る、くだものを飾るなど、子どもも参加できます。一緒に挑戦してみましょう。

3〜5歳

## カップ押し寿司

エネルギー 291kcal
塩分 0.5g

**材料（大人2人＋子ども1人分）**

温かいご飯…500g
すし酢…大さじ2〜3
白炒りごま…大さじ1
きゅうり…1本（せん切り）
塩…少々
ツナ水煮…1缶（汁けを切っておく）
マヨネーズ…小さじ2
刻みのり…少々
刺身の盛り合わせ（まぐろ、たい、ほたてなど）…2人分（食べやすい大きさに切る）
アボカド（大人用）…1個（くし形切りにして、あればレモン汁少々をふる）
絹さや…8枚（下ゆでしてせん切り）
〈炒り卵〉
卵…1個
砂糖…小さじ1/2
塩…少々
サラダ油…少々

**作り方**

1 ご飯にすし酢を回しかけ、ごまを混ぜる。大人用に200gを2つ、子ども用に100gを1つ分ける。
2 ボウルに卵を割りほぐし、砂糖と塩を加えて混ぜ合わせる。小さめのフライパンにサラダ油を熱し、卵液を加え、菜箸を数本重ねてポロポロになるまで炒める。
3 きゅうりに塩をまぶし、塩もみをし、水けをしぼる。ツナにマヨネーズを混ぜておく。
4 大人用にはお椀を2つ、子ども用には紙コップを1つ準備し、大きめにラップを敷く。
5 **4**に、具材を以下の順番に敷き詰めていく。炒り卵、1/3量の酢めし、**3**のきゅうりとのりをのせ、1/3量の酢めしを詰める。その上にツナを入れ、最後に1/3量の酢めしを詰める。
6 **5**に皿をかぶせ、ひっくり返してから、そっとラップをはずす。
7 最後に飾りつけをする。大人用は、刺身とアボカドを交互に円状に並べる。子ども用は、食べやすく切った刺身と絹さやを飾る。

**Point**
ご飯を器に詰めるときは、全体をスプーンで押しながら詰めるときれいにしあがります。

3〜5歳

## 菜の花のいそべ巻き

エネルギー 16kcal
塩分 0.1g

**材料（大人2人＋子ども1人分）**

菜の花…1束（茎のかたい部分を切り落として下ゆでし、水けをよくしぼる）
しょうゆ…小さじ1/2
焼きのり…全型2枚（菜の花と同じ長さに切る）

**作り方**

1 菜の花にしょうゆをふりかけ、軽くしぼる。
2 **1**を数本ずつ束にして、のりの端に置き、クルクルと巻く。
3 **2**を食べやすく切る（大人用は和からしを添えても）。

**Arrange**
小松菜やほうれんそうなどほかの青菜でもOK。

**Point**
菜の花を細かく刻み、ちぎったのりとあえれば、幼児食前期の子どもも食べられるメニューに。

3〜5歳

## はまぐりのすまし汁

エネルギー 7kcal
塩分 1.0g

**材料（大人2人＋子ども1人分）**

はまぐり…5個（砂抜きしておく）
水…2と1/2カップ
だし用昆布…1枚
酒…大さじ1
塩…小さじ1/4強（味をみて調整）
うす口しょうゆ…小さじ1
万能ねぎ（大人用）…少々（小口切り）

**作り方**

1 鍋に水とだし用昆布を入れ、30分以上おく。
2 **1**にはまぐりを入れて火にかけ、沸騰直前に昆布を除く。
3 はまぐりの口が開いたら、酒を加え、塩としょうゆで味を調える。大人用にはねぎを散らす。

**Arrange**
はまぐりをあさりにかえてもよいでしょう。

**Point**
はまぐりの塩分によってしょうゆの量を加減して。幼児食前期の子どもは、**3**の汁のみ味わえます。

# 桃の節句

女の子の健やかな成長を祈る、ひなまつり。
子どもでも食べやすい工夫をしたお寿司や、
おすましでお祝いをしましょう。

# 端午の節句

5月5日は端午の節句。
大空に力強く舞う鯉のぼりを
お皿の上にも泳がせてみましょう。

1歳半～2歳

## 鯉のぼりのオムライス

エネルギー 216kcal
塩分 1.0g

**材料（大人2人＋子ども1人分）**

きゅうり…1/10本（半月切り）
ケチャップ…少々
スライスチーズ・焼きのり…各少々
〈ケチャップライス〉
米…2合（洗ってざるに上げておく）
A［ミックスベジタブル…1カップ、ツナオイル漬け…1缶、ケチャップ…大さじ3、顆粒コンソメスープの素…小さじ2、塩・こしょう…各少々］
〈薄焼き卵〉
卵…3個（溶きほぐす）
B［塩・砂糖…各少々、片栗粉…小さじ1（水大さじ1で溶いておく）］

**作り方**

1 炊飯器に米、2合より少なめの水（分量外）を入れ、**A**を加えて炊く。
2 **1**から大人1人分約200g、子ども1人分約100gをお皿によそい、ラップを使って鯉のぼりの形にする。
3 ボウルに卵を溶きほぐし、**B**を加えてよく混ぜる。フライパンにサラダ油少々（分量外）を熱し、大きめの薄焼き卵を2枚（大人用）、小さめ1枚（子ども用）を焼く。
4 **2**に**3**をかぶせる。薄焼き卵の端をライスに巻き込むときれいにしあがる。
5 きゅうりを飾り、ケチャップでうろこを描き、目はチーズとのりでしあげる。

**Arrange**
鯉のうろこはにんじんやハムでも彩りよくしあがります。

**Point**
うろこを描いたり、目を飾りつけたり、子どもと一緒にしあげると楽しいです。

1歳半～2歳

## えびとブロッコリーのサラダ

エネルギー 50kcal
塩分 0.3g

**材料（大人2人＋子ども1人分）**

ブロッコリー…1/4個（小房に分け、塩ゆでする）
えび…8尾（下ゆでして、食べやすく切る）
玉ねぎ…1/8個
マヨネーズ…大さじ1と1/2
すし酢…小さじ1
塩・こしょう…各少々

**作り方**

1 玉ねぎをみじん切りにし、水につけて辛みを抜いておく。
2 ボウルでブロッコリーとえびを合わせる。
3 小さなボウルでマヨネーズとすし酢、水けを切った玉ねぎを混ぜ合わせる。
4 **2**のボウルに**3**を入れて合わせ、塩、こしょうで味を調える。

**Arrange**
ブロッコリーはグリーンアスパラやスナップえんどうにかえてもOK。

**Point**
ブロッコリーとえびは小さく切ると食べやすくなります。

1歳半～2歳

## かぶのポタージュ

エネルギー 42kcal
塩分 0.6g

**材料（大人2人＋子ども1人分）**

かぶ…2個（薄切り）
玉ねぎ…1/4個（皮をむいて薄切り）
バター…大さじ1
だし汁…1カップ
塩…小さじ1/2弱
牛乳…1/2カップ
粗びき黒こしょう（大人用）…少々

**作り方**

1 鍋にバターを熱し、玉ねぎを炒め、しんなりしたらかぶを加えてさらに炒める。
2 **1**にだし汁を加えて煮立て、ふたをして弱火で7～8分煮る。
3 **2**のあら熱がとれたらミキサーにかけ、鍋に戻す。牛乳を加えて温め、塩で味を調えたら器によそう。大人用には粗びき黒こしょうをふる。

**Arrange**
グリーンピースや、かぼちゃでも作れます。

**Point**
ミキサーがない場合はかぶを煮くずれるまで煮てつぶして作りましょう。

3〜5歳

# タンドリーチキンと野菜のオーブン焼き

エネルギー 155kcal
塩分 0.9g

**材料(大人2人+子ども1人分)**

鶏手羽元…8〜10本(骨にそって切りこみを入れる)
A[マヨネーズ…大さじ1、ケチャップ…大さじ1/2、白ワイン…大さじ1/2、カレー粉…小さじ1、しょうがのすりおろし…小さじ1、にんにくのすりおろし…小さじ1、塩…小さじ1/2]
かぼちゃ…6切れ(約80g、ひと口大の薄切り)
れんこん…小1節(輪切り、または半月切り)
エリンギ…2本(大きめにさいておく)
プチトマト…8個
オリーブ油…大さじ1
塩・こしょう…各少々

**作り方**

1 ポリ袋に**A**を入れてよく混ぜ、鶏肉を加えてもみ込み、2〜3時間くらいおく。
2 天板にオーブンシートを敷き、**1**を広げ、あいたスペースに野菜を並べる。野菜の上にはオリーブ油を回しかけ、塩、こしょうをふる。
3 230度に予熱したオーブンで15〜20分焼く(200度なら20〜25分)。プチトマトは5分程度でとり出す。

**Arrange**
鶏手羽元は、手羽先やスペアリブでもおいしい。

**Point**
野菜は鶏肉より早く焼けるので、ようすを見ながら先にとり出して。鶏肉は前の日から漬けておくと、当日にあわてなくてすみます。

1歳半〜2歳

# ポテトサラダ ツリー仕立て

エネルギー 73kcal
塩分 0.2g

**材料(大人2人+子ども1人分)**

じゃがいも…2個(下ゆでして水けをとばし、つぶしておく)
フレンチドレッシング…大さじ1
マヨネーズ…大さじ1
ブロッコリー…2房(下ゆでして小さく切る)
赤パプリカ…1/8個(角切り)

**作り方**

1 じゃがいもにフレンチドレッシングとマヨネーズを加えて混ぜる。
2 器に三角形に盛りつける。ゆでたブロッコリー、赤パプリカを飾る。

**Arrange**
イベントに合わせて形のアレンジを楽しんで。

**Point**
子どもと形作りをしてみましょう。

1歳半〜2歳

# オニオングラタンスープ

エネルギー 68kcal
塩分 0.8g

**材料(大人2人+子ども1人分)**

玉ねぎ…1個(薄切り)
バター…大さじ1
水…2と1/2カップ
顆粒コンソメスープの素…小さじ2
塩・こしょう…各少々
フランスパン…3切れ(子ども用は4等分にする)
オリーブ油…小さじ2
にんにくのすりおろし…少々
ピザ用チーズ…適量
パセリのみじん切り…少々

**作り方**

1 鍋にバターを熱し、玉ねぎを加え、あめ色になるまで炒める。水、スープの素を加えて温め、塩、こしょうで味を調える。
2 フランスパンにオリーブ油とにんにくを合せたものを塗り、オーブントースターで軽く焼く。
3 耐熱容器に**1**を注ぎ、**2**とピザ用チーズをのせ、再度オーブントースターでチーズが溶けるまで焼く。
4 しあげにパセリのみじん切りをふる。

**Arrange**
玉ねぎを長ねぎにかえてもOK。

**Point**
玉ねぎはあめ色に色づくまで炒めるのがポイント。炒めた状態のものを一度にたくさん作って冷凍しておくと、すぐに使えて便利です。

# クリスマス

聖なる夜は子どものごはんも少しおめかし。
子どものメニューも、
おとなっぽくスタイリングして、
スペシャル感を演出しましょう。

# お弁当

お出かけ先で食べるお弁当は特別。
開いてうれしいお弁当レシピです。

## お弁当作りのコツ

### 栄養をバランスよくとる

お弁当は、ご飯やパンなどの主食の他に、肉や魚、卵料理などの主菜1品、野菜中心の副菜1～2品でOK。栄養素を詳しく調べなくても、お弁当箱に合わせた量で主食：主菜：副菜＝2：1：1にすると、必要な栄養素をバランスよくとることができます。

### 冷凍ストックを作っておこう

時間をかけずにお弁当を作るため、主菜は普段の食事でメインに作ったおかずを、お弁当用に冷凍しておくと便利です。副菜はブロッコリーやほうれんそう、いんげん、アスパラなどをゆでで冷蔵しておけば、削り節や塩昆布であえたり、炒めたり、マヨネーズを添えるなどのひと手間を加えるだけで簡単にできます。

### 食べさせ方

最初は食べ慣れているものや好物をメインにし、苦手なものは無理に入れないこと。お箸やフォークが上手に使えない場合は、食べやすい大きさに切ってピックで刺すと、スムーズに食べられて、見た目も楽しくなります。ピックは短いものを選ぶなど、安全に配慮して。

1歳半～2歳

## 天むす風おにぎり

エネルギー 226kcal
塩分 0.9g

**材料(大人2人+子ども1人分)**

お弁当用冷凍えびフライ…6本
ご飯…500g
焼きのり…適量
塩…少々
〈たれ〉
A しょうゆ・みりん…各大さじ1
　削り節…ひとつまみ

**作り方**

1 たれを作る。Aを耐熱容器に入れ、ラップをせずに電子レンジで30秒加熱し、冷ましてからこす。
2 えびフライを製品の表示にしたがって揚げ、熱いうちに1をつけて2等分に切る。
3 2をご飯にのせ、手に塩をつけて三角形ににぎってのりで巻く(1個あたり大人用100g、子ども用50gで2個ずつ握る)。

**Arrange**
トンカツやから揚げなどにかえてもOK。

**Point**
具が見えるよう、ご飯で包みこむようににぎりましょう。

1歳半～2歳

## いんげんのベーコン巻き

エネルギー 54kcal
塩分 0.2g

**材料(大人2人+子ども1人分)**

いんげん…6本(電子レンジで20秒加熱しておく)
ベーコン…3枚
サラダ油…少々

**作り方**

1 いんげん2本をベーコン1枚で巻き、つまようじを均等に3ヵ所刺す。
2 フライパンにサラダ油を熱し、1の両面を焼き、3等分に切る。

**Arrange**
いんげんはグリーンアスパラでもOK。

**Point**
ベーコンのうま味とコクで野菜が食べやすくなります。

1歳半～2歳

## スイートピクルス

エネルギー 27kcal
塩分 0.7g

**材料(大人2人+子ども1人分)**

赤パプリカ…1個(乱切り)
黄パプリカ…1個(乱切り)
きゅうり…2本(乱切り)
A 酢…1/4カップ
　砂糖…大さじ1と1/2
　塩…小さじ1
　ローリエ…1枚

**作り方**

1 Aをポリ袋に入れて合わせ、野菜を加えて半日～1日ほど置く。

**Arrange**
細かく刻んで、タルタルソースにも使えます。

**Point**
冷蔵室で1週間もつので、作りおきできます。

# さくいん

### ●淡色野菜



### 〈いも類〉



### 〈海藻類・きのこ類〉

### 牧野直子

管理栄養士・ダイエットコーディネーター。スタジオ食（くう）主宰。「家族みんなが楽しめる、からだにやさしい、簡単でおいしいレシピの提案」をモットーに、雑誌、新聞、テレビの他、料理教室や健康セミナーなど幅広く活躍中。男の子のママ。著書に『やせる作りおきおかず』（永岡書店）他多数。

## いただきます！
## かんたん・おいしい 幼児のごはん

2016年6月17日　初版第1刷
2024年5月27日　初版第8刷

| | |
|---|---|
| 監修・料理 | 牧野直子 |
| 歯の発達の解説 | 弘中祥司（昭和大学歯学部教授） |
| 発行人 | 小山朝史 |
| 発行所 | 株式会社 赤ちゃんとママ社<br>〒160-0003<br>東京都新宿区四谷本塩町14番1号<br>第2田中ビル2階<br>電話 03-5367-6592（販売）<br>　　 03-5367-6595（編集）<br>http://www.akamama.co.jp |
| 振替 | 00160-8-43882 |
| 印刷・製本 | シナノ書籍印刷株式会社 |

乱丁・落丁本はお取り替えいたします。
無断転載・複写を禁じます。

©Naoko Makino 2016 Printed in Japan
ISBN978-4-87014-120-9

## Staff

| | |
|---|---|
| 調理 | 牧野直子 |
| 調理アシスタント | 徳丸美沙、石垣晶子 |
| 栄養価計算 | スタジオ食 |
| 写真 | 赤石 仁（赤石写真事務所）<br>田口陽介（P27、29、33、34、36、37上、54、55下、58下、64〜67、72、73上、78、79、81、86上、87下、98〜100、101上、102、103上、104、112左下） |
| スタイリング | 山田晶子 |
| イラスト | 木下綾乃 |
| デザイン | 細山田光宣、木寺 梓（細山田デザイン事務所） |
| 構成・編集 | 本田 香<br>中根会美、常松心平（オフィス303） |
| 編集アシスタント | 脇谷朱之（オフィス303） |
| DTP | オフィス303 |
| 校正 | 河野久美子 |
| 校閲 | くすの木舎 |